SCHIRMER'S LIBRARY OF MUSICAL CLASSICS

Fifty
Selected Songs

by

Schubert, Schumann, Brahms, Wolf, and Strauss

For High Voice

Original Texts with English Versions by
FLORENCE EASTON

For High Voice—Library Volume 1754
For Low Voice—Library Volume 1755

ISBN-978-0-7935-5176-7

G. SCHIRMER, Inc.

DISTRIBUTED BY

HAL•LEONARD
CORPORATION
7777 W. BLUEMOUND RD. P.O. BOX 13819 MILWAUKEE, WI 53213

CONTENTS

FRANZ SCHUBERT

ROBERT SCHUMANN

JOHANNES BRAHMS

HUGO WOLF

RICHARD STRAUSS

Rastlose Liebe

Restless Love

Johann Wolfgang von Goethe
English version by Florence Easton

Franz Schubert, Op. 5, No. 1
Composed 1815
Original key

Schnell, mit Leidenschaft
Allegro appassionato

ne   Rast _____ und   Ruh'!
where   rest _____ or   peace!

Lie - ber durch Lei - den   wollt' ich mich schla - gen,   als   so ____
Rath - er I'd suf - fer   tor - ments un - end - ing,   Than so ____

____   viel ___ Freu - den des   Le - bens er - tra - gen.
____   to en - dure   all the   pas - sions of   liv - ing.

Al - le das Nei - gen von Her - zen zu Her - zen,
All   the de - sires ____ of   one   for an - oth - er,

ach, wie so ei - gen schaf - fet es Schmer - zen.
Ah! in such dif - f'rent ways one can suf - fer.

Wie, soll ich flieh'n? Wäl - der-wärts zieh'n?
Where shall I flee? on to the woods?

Al - - - les, al - - - les ver -
Noth - - - ing, al noth - - - ing can

ge - bens.
help __ me.

Kro - ne des Le - bens, Glück oh - ne Ruh',
Life's sweet-est gar - land, rest - less de - light,

Lie - be bist du, o Lie - be bist du.
Love is your name, yes, love is your name.

Glück oh - ne Ruh', _____ Lie - be bist du, _____
Rest - less de - light, _____ love _____ is your name, _____

Kro - ne des Le - bens, Glück oh - ne Ruh', Lie - be bist
Life's sweet-est gar - land, rest - less de - light, Love is your

du, o Lie - be bist du, o Lie - - -
name, O love is your name, O love,_____

- - - - - be,___ Lie - be bist du.
love is your name.

Die Allmacht
Omnipotence

Johann Ladislaus Pyrker
English version by Florence Easton

Franz Schubert, Op. 79, No. 2
Composed 1825
Original key

Gross ist Je - ho - va der Herr,_____ denn Him - mel und
Great is Je - ho - vah, the Lord!_____ for Heav - en and

Er - de ver - kün - den sei - ne Macht, gross ist Je - ho - va der
Earth__ pro - claim His won - drous pow'r. Great is Je - ho - vah, the

Herr, denn Him - mel und Er - de ver - kün - den sei - ne Macht. Du
Lord! for Heav - en and Earth__ pro - claim His won - drous pow'r. You

hörst sie im brau - sen - den Sturm, in des Wald - stroms laut auf - rau - schen - dem
hear it in wild, rag - ing storm, in the roar of the stream's thun - der - ing

Ruf; gross ist Je - ho - va der Herr, du hörst sie im brau - sen - den
call; Great is Je - ho - vah, the Lord! You hear it in wild, rag - ing

Sturm, in des Wald - stroms laut auf - rau - schen - dem Ruf;
storm, in the roar of the stream's thun - der - ing call;

gross ist Je-ho-va der Herr, gross ist sei - ne Macht, du
Great is Je-ho-vah, the Lord! Might - y is His pow'r. You

hörst__ sie in des grü-nen-den Wal-des Ge-säu-sel, siehst__ sie in
hear__ it in the mur-murs of wood-lands and for-ests, see it in the

wo-gen-der Saa-ten Gold, in lieb-li-cher Blu-men__
wav-ing of gold-en corn; in sweet-scent-ed flow-ers'__

glü - hen-dem Schmelz, im Glanz des Ster - ne - be - sä - e - ten
bril - liant ar - ray, in stars that fill all the blue_skies of

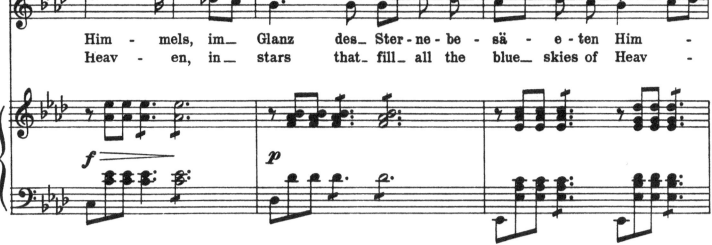

Him - mels, im_ Glanz des_ Ster - ne - be - sä - e - ten Him -
Heav - en, in_ stars that_ fill_ all the blue_ skies of Heav -

mels; in lieb - li - cher Blu - men glü - hen-dem Schmelz, im
en; in sweet - scent-ed flow-ers'_ bril - liant ar - ray, in

Glanz des Ster - ne - be - sä - e - ten Him - mels, im
stars that fill all the blue skies of Heav - en, in

Glanz des Ster - ne - be - sä - e - ten Him - mels.
stars that fill all the blue skies of Heav - en.

Furcht - bar tönt sie im Don - ner - ge - roll und flammt in des
Fear - ful sounds His thun - der's re - port, and flames from His

Blit - zes schnell hin - zu - cken - dem Flug, doch
light - nings wild - ly dart through the sky. But

bar - - men;   blickst du fle - hend em - on
mer - - cy.   Look to Him_____ on

por_____ und hoffst auf Huld und Er - bar - - men.
High_____ and hope for grace and for mer - - cy.

con forza

Gross ist Je - ho - va der Herr,   gross_____ ist Je -
Great is Je - ho - vah, the Lord!   Great_____ is Je -

cresc.   ff   cresc.   fff

ho - va der Herr.
ho - vah, the Lord!

f   sf   p

Im Abendroth
In the Red of Evening

Carl Lappe
English version by Florence Easton

Franz Schubert
Composed 1824
Posthumous

Langsam, feierlich
Lento, solenne

O wie schön ist dei - ne Welt,
Va - ter, wenn sie gold - en
O how fair this world of Thine,
Fa - ther, with its gold - en

strah - let!
Wenn dein Glanz her - nie - der fällt,
shim - mer!
When Thy glance up - on it falls,

und   den Staub mit Schim-mer   ma - - - let,
e - ven dust is made to   glim - - - mer.

wenn   das Roth das in der   Wol - - ke_blinkt,   in   mein   stil - les_
When   the crim-son-tint-ed   clouds in_ the_sky   seem   to   rest_ on   my

Fen - ster sinkt!   Könnt' ich kla - gen,
win - dow-pane,   Could   I   mourn-ing,

könnt' ich za - gen,   ir - re sein an dir und   mir?
could   I   fear - ing,   lose the way that leads   to   Thee?

Nacht und Träume
Night and Dreams

Matthäus Edler von Collin
English version by Florence Easton

Franz Schubert, Op. 43, No. 2
Composed 1825

Heil' - - ge Nacht, _____ du sin - kest
Ho - - ly night, _____ thy spell is

stil - le stil - le Brust.
peace - ful still - ness lies.

Die be - lau - schen sie___ mit___
We a - wait thee with___ such___

Lust, die be - lau - schen sie___ mit___
joy, we a - wait thee with___ such___

Lust, ru - fen, wenn der Tag er - wacht,
joy, Call - ing at the break of day,

Wohin?
Whither?

Wilhelm Müller
English version by Florence Easton

Franz Schubert
"Die Schöne Müllerin", Op. 25, No. 2
Composed 1823
Original key

frisch und wun - der - hell.   Ich   weiss nicht, wie mir
cool and clear did__ glide.   I   know not what com -

wur - de,   nicht wer den Rath mir__ gab,   ich
pelled me,   this pow'r can - not ex - plain,   But

muss - te__ auch hin - un - ter mit__ mei - nem Wan - der -
some - thing seemed to tell_____ me to__ fol - low in__ its__

stab,   ich__ muss - te auch hin - un - ter mit__
train,   Yes, some - thing seemed to__ tell_____ me to__

mei - nem Wan - der - stab. Hin - un - ter und im - mer
fol - low in its train. So down through the vale I

wei - ter, und im - mer dem Ba - che nach; und
wan - dered, and fol - lowed the rush - ing stream, And

im - mer fri - scher rausch - te und im - mer hel - ler der
ev - er heard I rus - tling, and saw the wa - ters

cresc.

Bach, und im - mer fri - scher rausch - te und
gleam, And ev - er heard I rus - tling, and

im - mer hel - ler der Bach.
saw the wa - ters gleam.

Ist
Is

das denn mei - ne Stra - sse?
this the road to fol - low?

O Bäch - lein, sprich, wo -
O stream - let, say, O

hin? wo - hin?__ sprich, wo - hin?__
where? O where?__ say, O where?__

Du
Thy

hast mit dei - nem Rau - schen mir ganz be - rauscht den
rus - tling has be - witched me and caught me in its

Sinn, du hast mit dei - nem Rau - schen mir
spell, Thy rus - tling has be - witched me and

ganz be - rauscht den_ Sinn. Was sag' ich denn vom
caught me in_ its_ spell. What seemed to me like

Rau - schen? das kann kein Rau - schen sein; Es_
rus - tling per - haps was just a _ dream, The

sin - gen wohl die_ Ni - xen dort un - ten ih - ren
wa - ter - sprites are_ sing - ing deep down be - neath the_

Reih'n, es sin - gen wohl die Ni - xen dort
stream, The wa - ter - sprites are sing - ing deep

un - ten ih - ren Reih'n. Lass sin - gen, Ge - sell, lass
down be - neath the stream. So sing, then, my rus - tling

rau - schen, und wan - d're fröh - lich nach, es
com - rade, I'll glad - ly fol - low thee, I

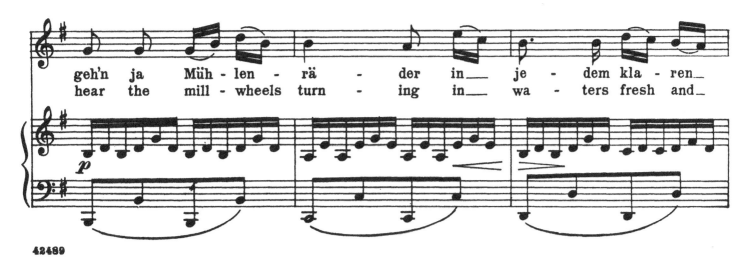

geh'n ja Müh - len - rä - der in je - dem kla - ren
hear the mill - wheels turn - ing in wa - ters fresh and

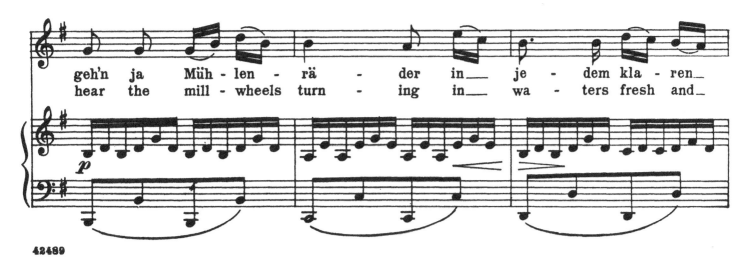

42489

Bach, _____ es geh'n ja Müh - len - rä - der in _____
free, _____ I hear the mill - wheels turn - ing _____ in _____

je - dem kla - ren Bach. Lass sin - gen, Ge - sell, lass
wa - ters fresh and free. So _____ sing, then, my rus - tling

dim.

rau - schen, und wan - d're fröh - lich nach, fröh - lich
com - rade, I'll _____ glad - ly fol - low thee, fol - low

nach, fröh - lich nach. _____
thee, fol - low thee. _____

Nachtviolen
Evening Violets

Johann Mayrhofer
English version by Florence Easton

Franz Schubert
Composed 1822
Posthumous

Nacht - vi - o - len, Nacht - vi - o - len, dunk - le Au - gen, see - len - vol - le,
Eve - ning vio - lets eve - ning vio - lets, you en - chant me with your beau - ty,

se - lig ist es, sich ver - sen - ken in_____ dem samt - nen Blau,
O the rap - ture, just to__ gaze up - on_____ your pet - als blue,

in _____ dem samt - nen Blau.
on _____ your pet - als blue.

Grü - ne Blät - ter stre - ben freu - dig
Leaves of bright green spread their shad - ows

euch zu hel - fen, euch zu schmü-cken; doch ihr bli - cket ernst und schwei-gend
to de-fend you, to a - dorn you, But you gaze so calm and si - lent

in die lau - e___ Früh-lings-luft. Mit er-hab-nen
through the soft, warm air of spring. With your sad mien

Weh - muts-strah-len tra - fet ihr mein treu - es Herz, und nun blüht in
so ex - alt - ed, you have won this heart of mine. Now there glows through

stum-men Näch-ten fort die hei - li - ge Ver - bin - -
night's en-chant-ing spell a mag - ic that u - nites_____

dung, nun blüht in stum-men Näch - ten fort die hei - li - ge Ver -
us, Now glows through night's en-chant-ing spell a mag - ic that u -

bin - dung.
nites_____ us.

Der Schmetterling
The Butterfly

Friedrich von Schlegel
English version by Florence Easton

Franz Schubert, Op. 57, No. 1
Composed 1815
Original key

Etwas geschwind
Poco allegro

1. Wie soll__ ich nicht tan - zen? Es
2. Wie gross__ ist die Freu - de, sei's
1. And why__ should I not__ dance? For
2. How great__ is my plea - sure At

macht__ kei - ne Mü - he, und rei - zen - de Far - ben
spät__ o - der frü - he, leicht - sin - nig zu schwe - ben
me__ it is ea - sy. Gay col - ors of ev - 'ry hue
morn - ing or eve - ning To flut - ter with - out a care

na - sche die Blü - ten, ihr könnt___ sie nicht hü - ten, ich
pil - fer the flow - ers no mat - ter how you guard them, I

na - sche die Blü - ten, ihr könnt___ sie nicht hü - ten.
pil - fer the flow - ers no mat - ter how you guard them.

Heidenröslein
Hedge - Roses

Johann Wolfgang von Goethe
English version by Florence Easton

Franz Schubert, Op. 3, No. 3
Composed 1815
Original key

Sah ein Knab' ein Rös-lein steh'n, Rös-lein auf der Hei - den,
Once a boy es - pied a rose, bloom-ing in the mead - ow,

war so jung und mor-gen-schön, lief er schnell, es nah' zu sch'n,
Young and sweet with morn-ing dew, he drew near, the bet-ter to view,

sah's mit vie-len Freu-den. Rös-lein, Rös-lein, Rös-lein roth,
Gazed up-on it with plea-sure. Rose-bud, rose-bud, rose-bud red,

42489

Rös-lein auf der Hei - den.
rose-bud in the mead - ow.

Kna - be sprach: "ich
Said the boy, "I'll

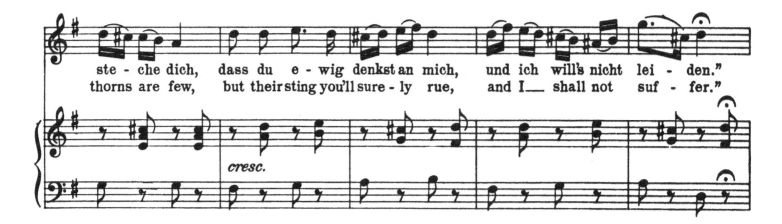

bre - che dich, Rös - lein auf der Hei - den!" Rös - lein sprach: "ich
tram-ple you, Rose-bud in the mead - ow!" Said the rose, "My

ste - che dich, dass du e - wig denkst an mich, und ich will's nicht lei - den."
thorns are few, but their sting you'll sure - ly rue, and I ___ shall not suf - fer."

cresc.

rit. *a tempo*

Rös - lein, Rös - lein, Rös - lein roth, Rös - lein auf der Hei - den.
Rose-bud, rose-bud, rose-bud red, rose-bud in the mead - ow.

pp rit. *a tempo*

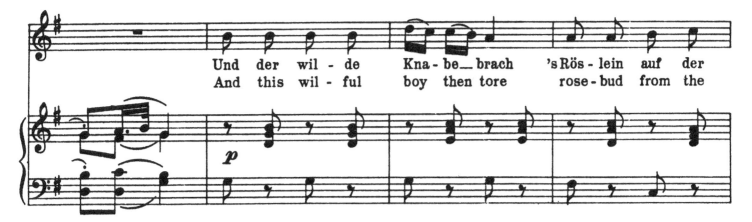

Und der wil - de Kna - be_brach 's Rös - lein auf der
And this wil - ful boy then tore rose - bud from the

p

Hei - den, Rös - lein wehr - te sich und stach, half ihr doch kein
mead - ow, But the rose - bud used her thorns, and al - though he

Weh und Ach, musst' es e - ben lei - den. Rös - lein, Rös - lein,
groans and mourns, He_ a - lone must suf - fer. Rose - bud, rose - bud,

cresc. *pp rit.*

Rös - lein roth, Rös - lein auf der Hei - den.
rose - bud red, rose - bud in the mead - ow.

a tempo

Ungeduld
Impatience

Wilhelm Müller
English version by Florence Easton

Franz Schubert
"Die Schöne Müllerin", Op. 25, No. 7
Composed 1828

Etwas geschwind
Poco allegro

1. Ich schnitt' es gern in al - le Rin - den ein, ich
2. Ich möcht' mir zie - hen ei - nen jun - gen Staar, bis
1. I'd carve it deep on ev - 'ry tree I saw, On
2. If I could on - ly take a star from Heav'n And

grüb' es gern in je - den Kie - sel-stein, ich möcht' es sä'n auf je - des
dass er spräch' die Wor - te rein und klar, bis er sie spräch' mit mei - nes
ev - 'ry stone I'd write it bold and clear, I'd like to plant it in each
teach it words that I so long to say, Then with my voice as though I

fri - sche Beet, mit Kres - sen-sa - men,der es schnell ver-räth, auf
Mun - des Klang, mit mei - nes Her - zens vol - lem, hei - ssenDrang, dann
bor - der gay And bid it flow - er on the self - same day. On
sang my-self, And with my heart's im-pas - sioned, ea - ger love, I'd

je - den wei - ssen Zet - tel möcht' ich's schrei - ben:
säng' er hell durch ih - re Fen - ster-schei - ben: } Dein ist mein
ev - 'ry leaf of ev - 'ry tree I'd write these words:
bid it sing to you be - neath your win - dow: } Yours is my

Herz, dein ist mein Herz, und soll es
heart! Yours is my heart, and will be

e - wig, e - wig___ blei - - ben!
ev - er,___ ev - er,___ ev - er - more!

3. Den Mor - gen-win - den möcht' ich's hau - chen ein,   ich
4. Ich meint', es müsst' in mei - nen Au - gen steh'n,   auf
3. I wish the morn - ing breeze could tell my thoughts,   I
4. I know my eyes re - veal my love for her,   My

möcht' es säu - seln durch den re - gen Hain;   o leuch - tet' es aus je - dem
mei - nen Wan - gen müsst' man's bren - nen seh'n,   zu le - sen wär's auf mei - nem
wish the rain-drops could re - veal my love,   I wish that all the flow'rs like
blush - es tell the world my heart's de - sire,   You read it on my lips that

Blu - men-stern! trüg' es der Duft zu ihr von nah' und fern! ihr
stum - men Mund, ein je - der A - themzug gäb's laut ihr kund: und
stars would shine And all their per - fumes blend for her a - lone! Then
say no word, With ev - 'ry breath I draw, I tell my love, And

Wo - gen, könnt' ihr nichts als Rä - der trei - ben.⎫ Dein ist mein
sie merkt nichts von all' dem ban - gen Trei - ben.⎬
quick - ly as the stream I'd bid them fly to her!⎭ Yours is my
she sees naught of all my heart's com-mo - tion!

Herz, dein ist mein Herz, und soll es e - wig,
heart! Yours is my heart, and will be ev - er,

e - wig blei - ben! ben!
ev - er, ev - er - more! more!

Liebhaber in allen Gestalten
The Lover's Metamorphoses

Johann Wolfgang von Goethe
English version by Florence Easton

Franz Schubert
Composed 1815
Posthumous
Original key

Etwas lebhaft
Poco allegro

1. Ich wollt, ich wär ein Fisch, so hur - tig und
2. Ich wollt, ich wä - re Gold, dir im - mer im
3. Doch bin ich, wie ich bin, und nimm mich nur

1. I would I were a fish, so fresh and so
2. I would that I were gold, I'd ne'er leave your
3. A - las, I'm what I am, so take me, pray

frisch; und kämst du zu an - geln, ich
Sold; und tät'st du was kau - fen,
hin! Willst bess' - re be - si - tzen, so
fleet; And should you come fish - ing, I'd
side; What - e'er you would pur - chase, I'd
do, But if you want bet - ter, then

wür - de nicht man - geln. Ich wollt, ich wär ein
käm ich ge - lau - fen. Ich wollt, ich wä - re
lass dir sie schni - tzen. Ich bin nun wie ich
see that you caught me. I would I were a
see that you had it. I would that I were
make him to mea - sure. A - las, I'm what I

Fisch, so hur - tig und frisch, ich
Gold, dir im - mer im Sold, ich
bin; so nimm mich nur hin, ich
fish, so fresh and so fleet, I
gold, I'd ne'er leave your side, I
am, so take me, pray do, A -

wollt, ich wär ein Fisch, so hur - tig und frisch.
wollt, ich wä - re Gold, dir im - mer im Sold.
bin nun wie ich bin; so nimm mich nur hin!
would I were a fish, so fresh and so fleet.
would that I were gold, I'd ne'er leave your side.
las, I'm what I am, so take me, pray do.

Die Lotosblume
The Lotus-flower

Heinrich Heine
English version by Florence Easton

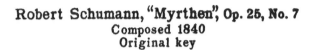

Robert Schumann, "Myrthen", Op. 25, No. 7
Composed 1840
Original key

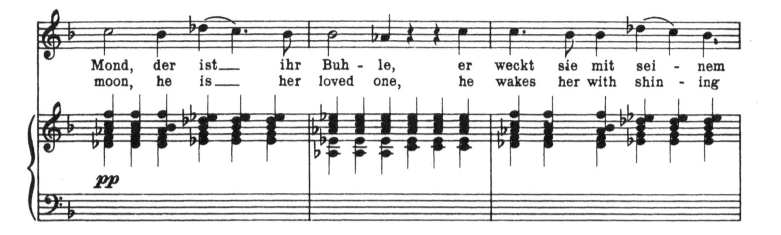

Mond, der ist___ ihr Buh - le, er weckt sie mit sei - nem
moon, he is___ her loved one, he wakes her with shin - ing

pp

Licht, und ihm ent-schlei - ert sie freund - lich ihr
light, And she un - veils with sweet can - dor her

nach und nach
a poco a poco

from - mes Blu - men-ge - sicht. Sie blüht und glüht und
love - ly face to his sight. She blooms, and glows, in

44

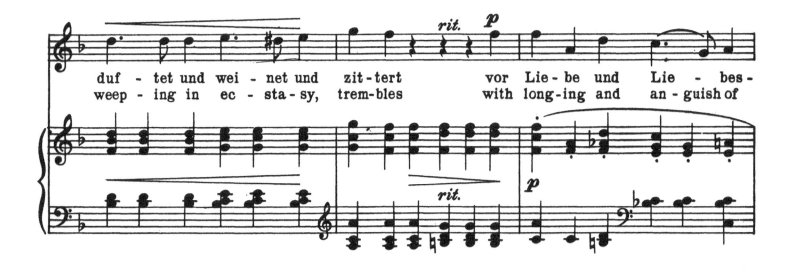

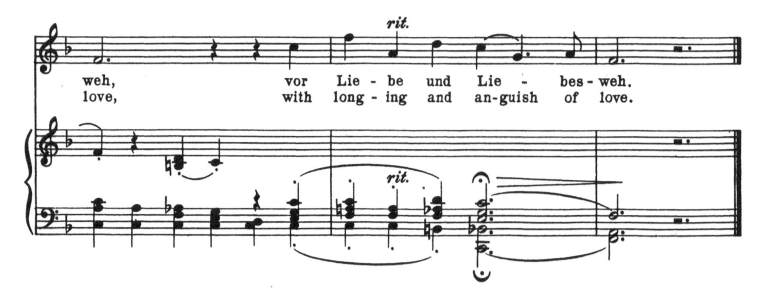

42489

Mein schöner Stern!
My lovely star!

Franz Rückert
English version by Florence Easton

Robert Schumann, Op. 101, No. 4
Composed 1849

Langsam
Lento

Mein schö — — ner Stern! ich
My love — — ly star! I

bit - te dich, o las - se du dein heit - res
beg of thee, let not thy clear and ra - diant

Licht nicht trü - ben durch den Dampf in
light be - come ob-scured by va - p'rous

du mich noch hier un - ten siehst, heb
know-est well my sad - dened heart, take

auf viel - mehr zum Him - mel mich, mein schö - ner Stern, wo
me at last un - to thy care, my love - ly star, to

du schon bist!
dwell with thee!

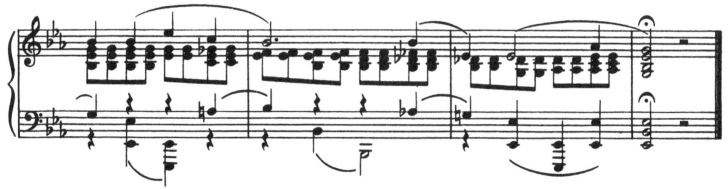

Widmung
Dedication

Franz Rückert
English version by Florence Easton

Robert Schumann, "Myrthen", Op. 25, No. 1
Composed 1840
Original key

Innig, lebhaft
Allegretto con anima

Du mei-ne See - le, du mein
You gen-tle spir - it, heart so

Herz, du mei-ne Wonn', o du mein
true; You my de-light, my an-guish

Schmerz, du mei-ne Welt, in der ich le - be, mein Him-mel
too; You are my world in which I'm liv - ing, My Heav'n a-

du, da - rein ich schwe - be; o du mein Grab, in das hin -
bove, all bless-ings giv - ing, You are my grave where-in, con -

ab ich e - wig mei - ne Kum - mer gab!
cealed for - ev - er, all my grief is laid!

Du bist die Ruh', du bist der
You bring me rest and peace un -

Frie - den, du bist vom Him - mel
end - ing, You are the res - pite

42489

mir_____ be-schie - den. Dass du mich liebst, macht mich mir
Heav'n_____ is send - ing. Your lov-ing glance en - no - bles

werth,___ dein Blick hat mich vor mir ver-klärt,___ du hebst mich
me,___ You make me all I hope to be,___ Your faith ex-

lie - bend ü - ber mich, mein gu - ter Geist,mein bess'-res
alts me,heals my mind, My bet - ter self in you I

Ich! Du mei-ne See - le, du mein Herz, du mei-ne
find. You gen-tle spir - it,heart so true, You my de-

Wonn', o du mein Schmerz, du mei-ne Welt, in der ich
light, my an-guish too; You are my world in which I'm

le - be, mein Him-mel du, da-rein ich schwe - be, mein gu-ter
liv - ing, My Heav'n a - bove, all bless-ings giv - ing, My guid-ing

Geist, mein bess' - res Ich!
star, my bet - ter self!

Frühlingsnacht
Spring Night

Joseph von Eichendorff
English version by Florence Easton

Robert Schumann,
"Liederkreis", Op. 89, No. 12
Composed 1840

düf - te,   un - ten fängt's schon an zu
com - ing,   earth   re - veals once more her

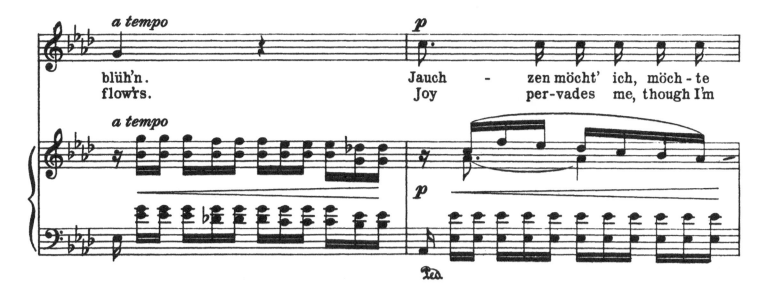

blüh'n.   Jauch - zen möcht' ich, möch - te
flow'rs.   Joy   per - vades   me, though I'm

wei - nen,   ist mir's doch,   als könnt's____ nicht
weep - ing   that a - gain   'tis come____ to

sein! / Al - te Wun - der wie - der
pass! / All the won - ders of Cre -

schei - nen mit dem Mon - des-glanz her-
a - tion with the moon's bright rays re-

rit.

ein. / Und der
turn. / For the

a tempo

sf

Mond, die Ster - ne sa - gen's, und im
moon has told the stars, And the

Trau — — me rauscht's ___ der Hain, Und die
woods   have heard ___ it   too,   And the

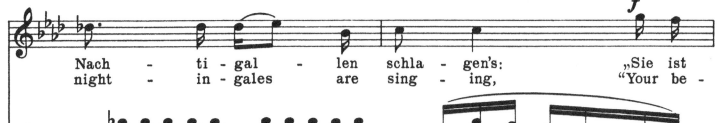

Nach — ti - gal - len schla - gen's: „Sie ist
night — in - gales are sing — ing, "Your be -

dei — — ne, sie ist dein!"
lov — — ed, she is yours!"

ritard.

p

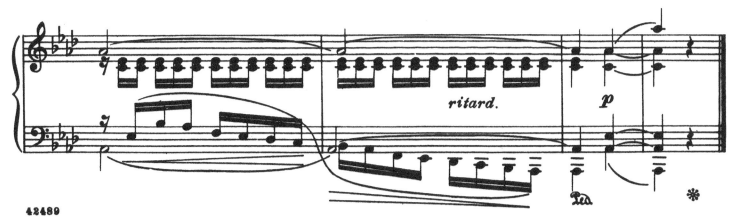

Der Nussbaum
The Walnut Tree

Julius Mosen
English version by Florence Easton

Robert Schumann, "Myrthen", Op. 25, No. 3
Composed 1840
Original key

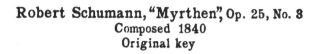

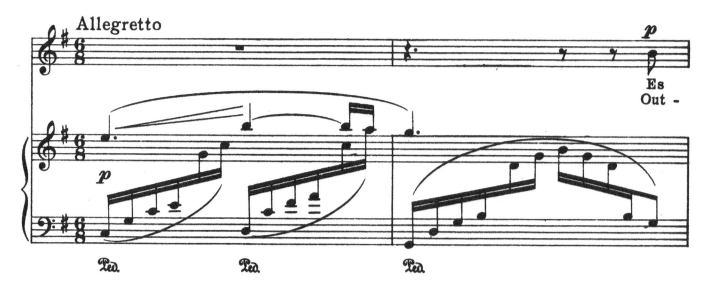

Es
Out -

grü - net ein Nuss - baum vor dem Haus,
side   a small house there stands   a tree,

duf - tig, luf - tig brei - tet er
Light - ly, bright - ly, spread - ing its

blätt' - rig die Aes - te aus.
leaf - y boughs gay and free.

p

Viel lieb - li-che Blü - then ste - hen d'ran,
Its branch - es are filled with blos - soms rare,

lin - de Win - de
Gen - tle breez - es em -

kom - men sie herz - lich zu um - fah'n.
brace them and take them to their care.

Es flüs - tern je zwei zu
They whis - per in pairs, each

zwei ge-paart,
pair a - part,

nei - gend, beu - gend zier - lich zum Kus - se die Häupt - chen
Bend - ing, gen - tly em - brac - ing, and mur - mur-ing, heart to

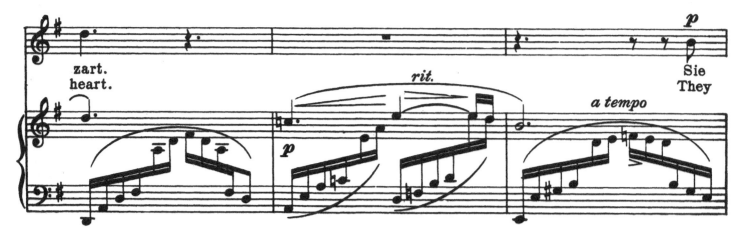

zart. Sie
heart. They

rit.

a tempo

flüs - tern von ei - nem Mägd - lein, das däch - te die
whis - per of one young maid - en, who won - ders and

Näch - te und Ta - ge lang,
pon - ders by night and day,

rit.

wuss - te ach sel - ber nicht was. *poco a poco* *a tempo*
she her-self hard - ly knows why.

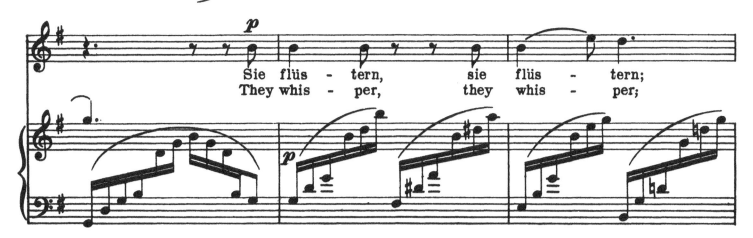

p

Sie flüs - tern, sie flüs - tern;
They whis - per, they whis - per;

p

wer mag ver-steh'n so gar
but who can tell what they're

lei - se Weis'?
whis - p'ring of?

poco a poco

rit.

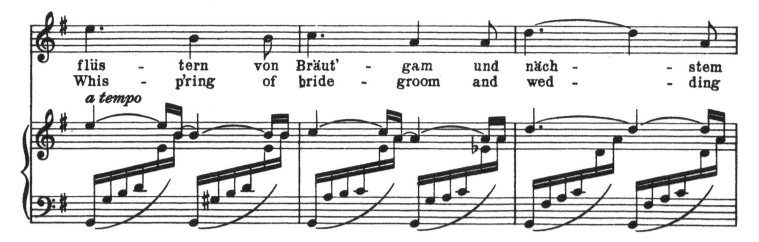

flüs - tern von Bräut' - gam und näch - stem
Whis - p'ring of bride - groom and wed - ding

a tempo

Jahr,
day,

vom näch - sten Jahr.
of wed - ding day.

p ritard.

ritard.

Aufträge
Messages

Ch. l'Égru
English version by Florence Easton

Robert Schumann, Op. 77, No. 5
Composed 1850
Original key

Leicht, zart
Leggiero, tenero

Nicht so schnel - le, nicht so
Not so quick - ly, not so

schnel - le! wart' ein we - 'nig, klei - ne Wel - le!
quick - ly, wait a min - ute, ti - ny stream - let!

will dir ei - nen Auf - trag ge - ben an die Lieb - ste
I would like to send a mes - sage to my love so

mein. Wirst du ihr vor - ü - ber schwe - ben, grü - sse sie mir fein!
true. Should you chance to pass her dwell - ing, greet___ her please for me!

con Pedale

Sag', ich wä - re mit - ge-kom - men,
Say I would have jour - neyed with you,

auf dir selbst her - ab ge-schwom - men: für den Gruss
down your course would swim so glad - ly; for a smile

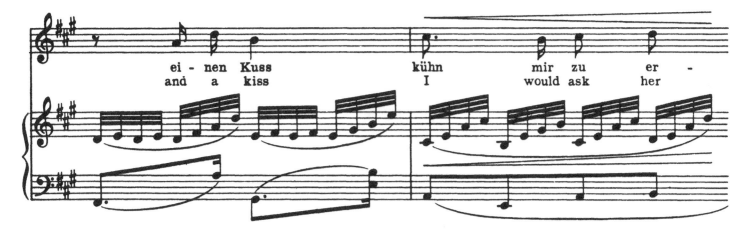

ei - nen Kuss kühn mir zu er -
and a kiss I would ask her

bit - ten; doch der Zeit Dring-lich-keit hätt'___ es nicht ge-lit -
bold - ly; but the time it would take, ah!___ I could not spare

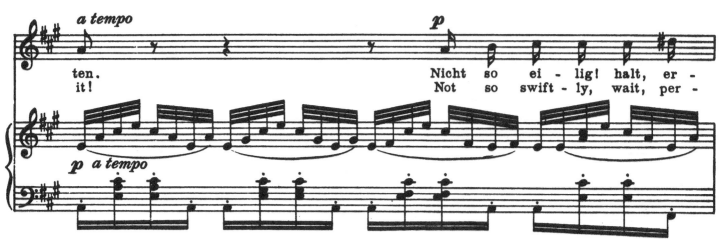

ten.
it!
Nicht so ei - lig! halt, er -
Not so swift - ly, wait, per -

lau - be,
mit me,
klei - ne leicht be - schwing - te Tau - be!
ti - ny light - winged dove, pray, hear me!

Ha - be dir was auf - zu - tra - gen an die Lieb - ste
I would like to send a mes - sage to my love so

mein!
true.
Sollst ihr tau - send Grü - sse
Give to her a thou - sand

sa - gen, hun - dert o-ben-drein!
greet - ings, then____ a hun-dred more!

Sag', ich wär' mit dir ge-flo-gen, ü - ber Berg und Strom ge-zo - gen:
Say I would have flown be-side you, o'er the hills and streams that part us;

für den Gruss ei - nen Kuss kühn mir zu er -
for a smile and a kiss I would ask her

bit - ten; doch der Zeit Dring-lich-keit hätt'___ es nicht ge-lit -
bold - ly; but the time it would take, ah,___ I could not spare

ten. | War - te nicht, dass ich dich trei - be, | o du
it! | Do not wait or I shall chide you, | Oh, you

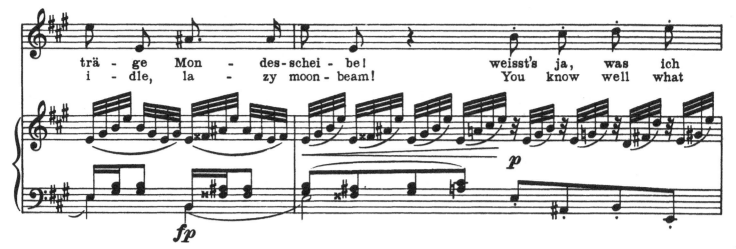

trä - ge Mon - des - schei - be! | weisst's ja, was ich
i - dle, la - zy moon - beam! | You know well what

dir be - foh - len für die Lieb - ste mein: | durch das
I com - mand - ed for my love so true; | through her

Fen - ster - chen ver - stoh - len grü - sse sie mir fein!
win - dow soft - ly steal - ing, greet - ing her for me!

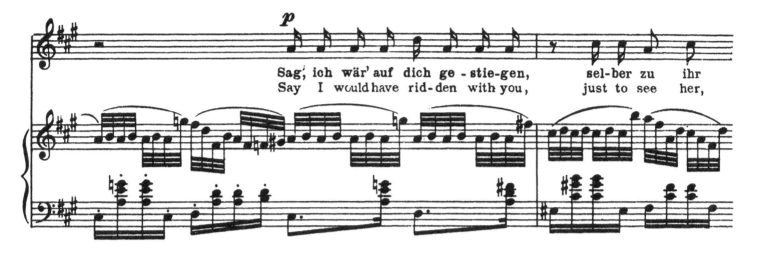

Sag', ich wär' auf dich ge-stie-gen,   sel-ber zu   ihr
Say I would have rid-den with you,   just to see   her,

hin zu flie - gen: für den Gruss____   ei - nen Kuss____
just to greet   her: for a   smile____   and a   kiss____

kühn   mir zu   er-bit-ten;   du seist Schuld, Un-ge-duld hätt' mich nicht ge-lit -
I   would ask   her bold-ly;   but, a - las, I have no time for ser-ious woo-

ten!
ing!

Schneeglöckchen
Snowbells

Franz Rückert
English version by Florence Easton

Robert Schumann, Op. 79, No. 27
Composed 1849
Original key

Du bist wie eine Blume
You are just like a flower

Heinrich Heine
English version by Florence Easton

Robert Schumann, Op. 25, No. 24
Composed 1840
Original key

ein.   Mir ist,____ als ob ich die Hän-de   auf's
prayer.   I feel____ as though I should bless you,   My

Haupt   dir le-gen sollt',   be-tend, dass Gott dich er-
hands   up-on___ your hair,   Pray-ing that God al-ways

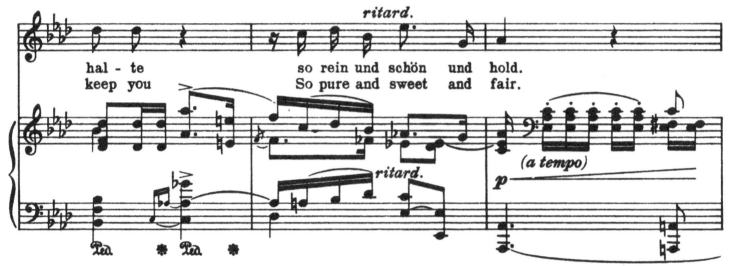

hal-te   so rein und schön   und hold.
keep you   So pure and sweet   and fair.

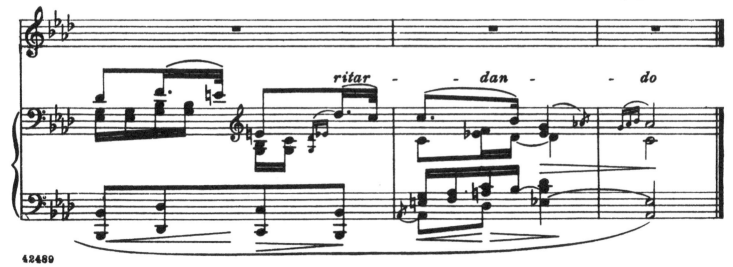

Mit Myrthen und Rosen
With myrtle and roses

Heinrich Heine
English version by Florence Easton

Robert Schumann,
"Liederkreis", Op. 24, No. 9
Composed 1840
Original key

Innig, nicht rasch
Con affetto, non allegro

con pedale

Mit Myr - then und Ro - sen, lieb - lich und hold, mit
With myr - tle and ros - es, love - ly and pure, with

duft' - gen Zy - pres - sen und Flit - ter-gold möcht' ich zie - ren_ dies Buch wie 'nen
sweet-scent-ed cy-press and let - ters of gold, this pre-cious book I would a - dorn like a

ritard.   a tempo

- dan - do

sel - ber im Grab.
lie in my grave.

- dan - do *f a tempo*

Hier sind nun die Lie - der, die einst so wild, wie ein
Here, take now my love songs, that once as wild as the

La - va - strom, der dem Aet - na ent - quillt, her - vor___ ge - stürzt aus dem
la - va - stream of Aet - na poured forth. In tu - mult they gushed from the

tief - sten Ge-müth, und rings viel blit - zen - de Fun - ken ver-sprüht. Nun
depths of my soul, and struck like light-nings wher - e'er they were heard. But

lie - gen sie stumm und tod - ten-gleich, nun star - ren sie kalt und
now they lie mute, like things long dead, all hard - ened with sor - row,

ne - bel-bleich. Doch auf's Neu'__ die al - te Gluth sie be-lebt, wenn der
pale __ and numb. But a - gain __ the flame __ of old comes to life, when the

Lie - be Geist einst ü - ber sie schwebt, doch auf's Neu' die al - te
soul of Love once more weaves her spell. But a - gain the flame of

Gluth sie be-lebt, wenn der Lie - be Geist einst ü - ber __ sie
old comes to life, when the soul of Love once more weaves her

Schneller
Più mosso

p poco meno mosso

schwebt. / spell.

Und es wird mir im Her - zen viel
And I feel in my heart hope and

poco meno mosso
p

Ah - nung laut, der Lie - be Geist einst ü - ber sie thaut;
faith re - born, the soul of Love in - spires me a - new.

p

einst kommt dies Buch in dei - ne Hand, du
Ah, if this book could reach your hands, my

ritard.
p

sü - sses Lieb', du sü - sses Lieb' im fer - nen Land. Dann
sweet - est love, my sweet-est love, so far__ a - way, the

ritard.

Mondnacht
By Moonlight

Joseph von Eichendorff
English version by Florence Easton

Robert Schumann,
"Liederkreis", Op. 39, No. 5
Composed 1840
Original key

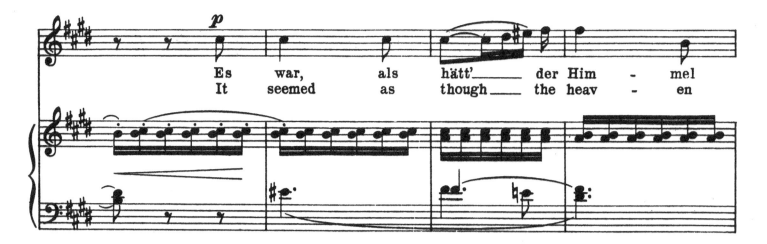

Es war, als hätt' der Him - mel
It seemed as though the heav - en

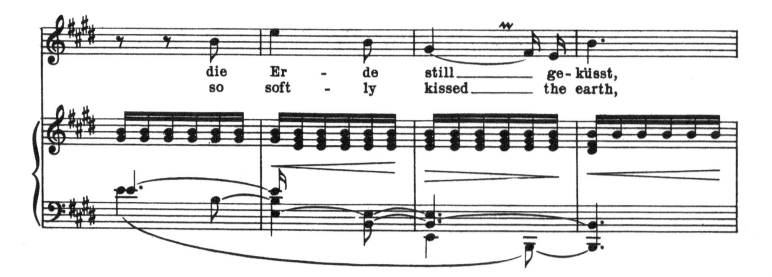

die Er - de still ge - küsst,
so soft - ly kissed the earth,

dass sie im Blü - then-schim - mer
that she, a - mid her flow - ers,

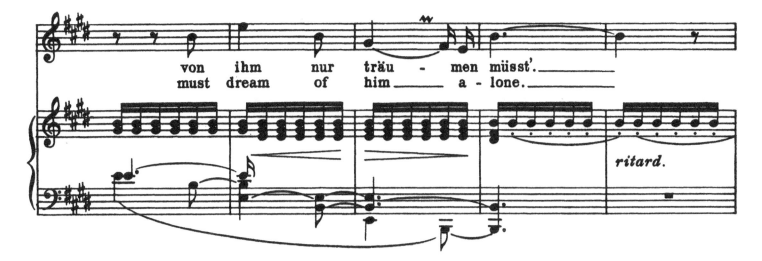

von ihm nur träu - men müsst'.
must dream of him a - lone.

ritard.

a tempo

p

ritard.

a tempo

p

Die Luft ging durch die Fel - der, die
The breeze swept through the mead - ows, the

Aeh - ren wog - ten sacht, es
wheat - sheaves gen - tly waved; the

rausch - ten leis' die Wäl - der, so
for - est soft - ly mur - mured, the

ritard. *a tempo*

stern - klar war die Nacht. Und
stars were clear and bright. My

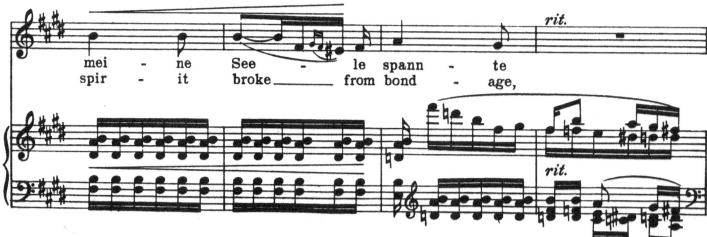

rit.

mei - ne See - le spann - te
spir - it broke from bond - age,

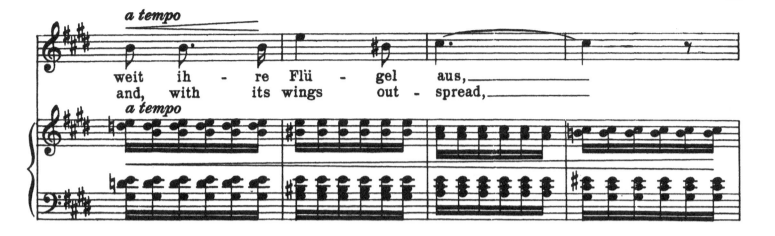

weit ih - re Flü - gel aus,_____
and, with its wings out - spread,_____

flog durch die stil - len Lan - de, als flö - ge___
flew through the land___ in si - lence, as though it___

_ sie nach Haus._____
_ flew toward home._____

Von ewiger Liebe
Of Eternal Love

Joseph Wentzig
English version by Florence Easton

Johannes Brahms, Op. 43, No. 1
Composed 1864

Dun - kel, wie dun - kel in Wald und in Feld!
Dark - ness, what dark - ness in for - est and dale!

A - bend schon ist es, nun schwei - get die Welt.
Night is de - scend - ing, and hushed is the vale.

Nir - gend noch Licht und nir - gend noch
Dark is the sky, no sound and no

Rauch, ja, und die Ler - che sie schwei - get nun
light, Yes, and the lark's song is si - lent to -

auch.
night.

Kommt aus dem Dor - fe der Bur - sche her - aus,
Out from the vil - lage a lov - er and maid

84

giebt das Ge - leit der Ge - lieb - ten nach Haus,
Stroll towards her home in the dark - en - ing shade,

führt sie am Wei - den - ge - bü - sche vor -
Down past the wil - low trees wend - ing their

bei, re - det so viel und so man - cher -
way, So man - y plans and so much to

lei:
say:

42489

"Lei - dest du Schmach und be - trü - best du dich,
"Are you a - shamed? Have I brought you dis - tress?

lei - dest du Schmach von An - dern um mich,
Are you a - shamed our love to con - fess?

wer - de die Lie - be ge - trennt so ge - schwind,
Our love so ar - dent we'll nev - er re - gret,

schnell wie wir frü - her ver - ei - ni - get sind.
Love that was plight - ed as soon as we met.

sempre più f e poco string.

Schei - de mit Re - gen und schei - de_ mit_ Wind,
Why should we part and then try_ to_ for - get

schnell wie wir frü - her ver - ei - ni - get sind."
Love that was plight - ed as soon as we met?"

Ziemlich langsam
Poco lento   *dolce*

Spricht das Mäg - de - lein, Mäg - de - lein spricht:
Then the maid - en spoke soft - ly and sure:

pp dolce

"Un - se - re Lie - be, sie tren - net sich nicht! Fest___ ist der
"Our love, be - lov - ed, will ev - er en - dure! I - ron is

un poco animato e cresc.

Stahl und das Ei - sen gar sehr, un - se - re
strong, and so might - y is steel; Strong - er, by

un poco animato e cresc.

Lie - be ist fe - ster noch mehr.
far, is the love_ that we feel.

Ei - sen und Stahl,_ man schmie - det sie
I - ron and steel_ will melt in the

um, un - se - re Lie - be, wer wan - delt sie um?
flame; Our love, be - lov - ed, is ev - er the same!

un poco animato e cresc.

Ei - sen und Stahl, sie kön - nen zer-gehn, un - se - re
I - ron and steel can crum - ble a - way; Our love, be-

un poco animato e cresc.

Lie - be, un - se - re Lie - be muss e - wig, e - - wig be-
lov - ed, our love, be - lov - ed, for - ev - er, ev - - er must

stehn!"
stay!"

ritard. molto

Ständchen
Serenade

Franz Kugler
English version by Florence Easton

Johannes Brahms, Op. 106, No. 1
Composed 1886
Original key

Anmuthig bewegt
Allegretto grazioso

Der Mond steht ü - ber dem Ber - ge, so recht für ver-
The moon hangs o - ver the hill - top, just right for young

lieb - te Leut'; im Gar - ten rie - selt ein
folks in love; The foun - tain mur-murs in the

Brun - nen, sonst Stil - le weit_____ und
gar - den, there's si - lence far_____ and

pp

breit.
wide.

Ne - ben der Mau - er im
Close to the wall in the

p

Schat - ten da steh'n der Stu - den - ten drei, mit
shad - ow three stu - dents are stand - ing by. With

Flöt'___ und Geig' und Zi - ther, und sin - gen und spie - len da-
vi - o-lin and flute___ and zith - er, They're sing - ing and play - ing the

cresc.

bei,_____ sin - gen und spie - len da -
while,_____ sing - ing and play - ing the

cresc.

bei.
while.

f

Die Klän - ge schlei-chen der
The sounds steal through to the

p *dolce*

Schön - sten sacht in den Traum hin - ein,
maid - en, lost in her dreams of love.

sie schaut den blon - den Ge -
She lifts her eyes to her

lieb - ten und lis - pelt: „ver - giss nicht
lov - er, and whis - pers: "For - get me

mein!"
not!"

O komme, holde Sommernacht

O come, delightful summer night

Melchior Grohe
English version by Florence Easton

Johannes Brahms, Op. 58, No. 4
Composed 1871

schwie - - gen; dich hat die Lie - be recht ge-macht zum
si - - lent! Now with your aid love can but be vic -

Sie - - gen! Da bre - chen man - che Knos - pen los, ver -
tor - - ious! From off the branch small buds es-cape in

stoh - - len, da öff - nen ih - ren
se - - cret, and all the ti - ny

sü - ssen Schoss Vi - o - - - len, da
vi - o - lets sweet - ly o - - - pen! The

p dolce

neigt ihr Haupt im Däm - mer-schein die Ro - - -
rose has bowed her head in gold - en twi - -

se, da wird mein Lieb - chen auch noch mein, das
light, and fate de-crees that my a - dored be

lo - - se, das lo - -
mine now, das be mine

- - se!
— now!

Auf dem Kirchhofe
In the Churchyard

Detlev von Liliencron
English version by Florence Easton

Johannes Brahms, Op. 105, No. 4
Composed 1886

Der Tag ging re - gen-schwer und sturm - be-wegt, ich war an manch' ver - gess'-nem Grab' ge -

The day was cold with rain and dark with storm. By man - y lone for - got - ten graves I

42489

we - sen,
wan - dered.

ver-witt-ert Stein und Kreuz, die Krän - ze alt,
A mass of crum-bling stones, the wreaths long dead,

die Na - men ü - ber-wach-sen, kaum zu le - sen.
the names that once were carved there, now ob-scured or gone.

Der Tag ging sturm-be-wegt und re-gen-schwer, auf
The day was dark with storm and cold with rain. On

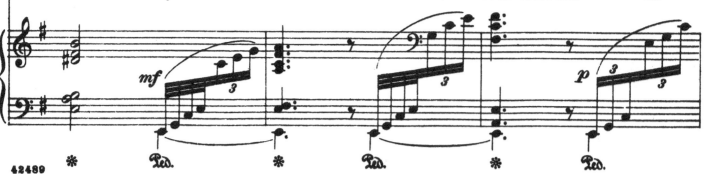

al - len Grä - bern fror das Wort: Ge - we - sen.
ev - 'ry grave these om - 'nous words: 'Tis end - ed.

Wie stur - mes - tot die Sär - ge schlum - mer - o -
The storm has passed and all is calm once

pp legato

ten, auf al - len Grä - bern tau - te still: Ge -
more. On ev - 'ry grave a still - ness lies: Re -

ne - - sen.
deem - - ed.

Botschaft
The Message

After Hafis, by Georg F. Daumer
English version by Florence Easton

Johannes Brahms, Op. 47, No. 1
Composed 1868
Original key

We - he, Lüft - chen, lind und lieb - lich um__ die

Blow, O breez - es, mild and love - ly, o'er the

Wan - ge der Ge - lieb - ten, spie - le zart_____ in ih - rer
brow_____ of my be - lov - ed, Gen - tly play_____ in her dark

Lo — cke, ei - le nicht, hin - weg_____ zu
tress - es, Has - ten not to leave_____ her

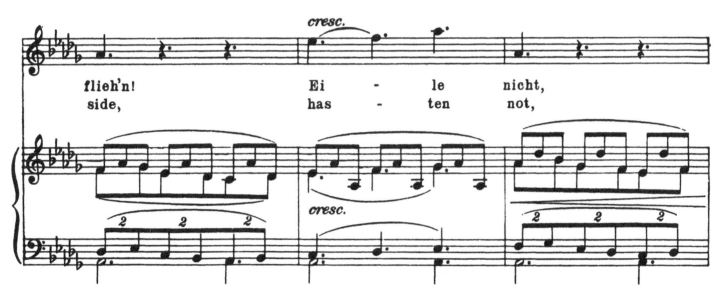

cresc.

flieh'n! Ei - le nicht,
side, has - ten not,

cresc.

ei - le nicht,___ hin - weg___ zu flieh'n!
has - ten not___ to leave___ her side.

Thut sie
If she

dann viel - leicht die Fra - ge, wie es
then per - chance should ask_____ you, should she

um mich Ar - - - men ste - he, mich
ask how I_____ am far - ing, ask

Ar - men ste - he,
how I'm far - ing,

sprich,_____ sprich:„Un - end - lich war sein We - he, höchst be-
Speak,_____ say: "His grief__ was past en - dur - ing, Tru - ly

poco cresc.

denk - lich sei - ne La - ge, höchst be - denk - lich sei - ne
doubt - ful his con - di - tion, tru - ly doubt - ful his con-

La - ge; a - ber jet - zo kann er hof - fen, wie-der
di - tion; But to - day new hope sus - tains him, he has

herr - lich auf - zu - le - ben, denn du, Hol - de,
once more some - thing to live for, since you, fair one,

p legato

Vergebliches Ständchen
The Vain Suit

A. Wilhelm Zuccamaglio
from "Deutsche Volkslieder"
English version by Florence Easton

Johannes Brahms, Op. 84, No. 4
Composed 1882
Original key

Lebhaft und gut gelaunt
Con anima ed umore

Er
He

Gu - ten A - bend, mein Schatz, gu - ten
Pleas-ant eve - ning, my sweet, pleas-ant

A - bend, mein Kind, gu - ten A - bend, mein Kind!
eve-ning, my child! Pleas-ant eve-ning, my child!

Ich komm' aus Lieb' zu dir, ach, mach' mir auf die Thür, mach' mir auf die Thür,
Love brings me here to you, ah, treat me kind - ly, do, o - pen wide the door,

mach' mir auf,   mach' mir auf,   mach' mir auf die Thür!   Mein'
I im-plore,   I im-plore,   o - pen wide the door!   My

Thür ist ver - schlos-sen, ich   lass' dich nicht ein,   ich
door is closed tight - ly, I'll   not let you in,   I'll

lass' dich nicht ein;   Mut - ter, die räth' mir klug, wärst du her - ein mit Fug,
not let you in!   Moth - er has made it clear, if you're but once in here,

wär's mit mir vor - bei,   wär's mit mir,   wär's mit mir,   wär's mit mir vor - bei!
All is o'er with me,   all is o'er,   all is o'er,   all is o'er with me!

So kalt ist die Nacht, so ei - sig der
The night is so cold,— the wind just like

Wind, so ei - sig der Wind,
ice, the wind just like ice!

dass mir das Herz er-friert, mein' Lieb' er - lö-schen wird, öff - ne mir, mein Kind,
My heart will freeze, my dear, then love will die, I— fear, there-fore I im - plore,

Lebhafter
Più animato

öff - ne mir, öff - ne mir, öff - ne mir, mein Kind!
I im - plore, I im - plore, o - pen wide the door!

Sie
She

Lö - schet dein' Lieb', lass sie lö - schen nur, lass sie
Love that's so frail, let it die a - way, let it

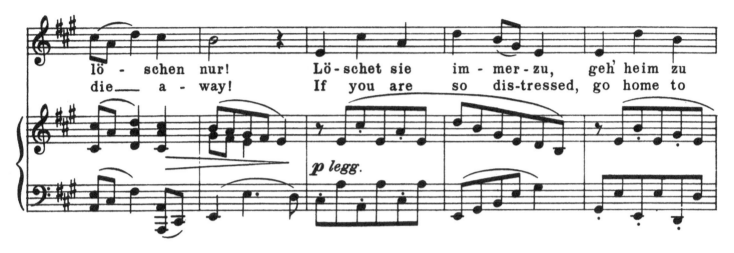

lö - schen nur! Lö - schet sie im - mer - zu, geh' heim zu
die a - way! If you are so dis-tressed, go home to

Bett, zur Ruh', gu - te Nacht, mein Knab', gu - te Nacht, gu - te Nacht,
bed, to rest, so good-night, young man! So good-night, so good-night,

gu - te Nacht, mein Knab'!
so good-night, young man!

Der Tod, das ist die kühle Nacht
Oh, death is still and cool as night

Heinrich Heine
English version by Florence Easton

Johannes Brahms, Op. 96, No. 1
Composed 1884
Original key

hat mich müd' ge-macht. Ü - ber mein Bett er -
leaves me tired and sad. O - ver my bed a

hebt sich ein Baum, d'rin singt die jun - ge Nach - ti-gall; sie
tree lifts its boughs; there sings a love - ly night - in-gale. She

singt von lau - ter Lie - be, von
sings a joy - ous love - song, a

lau - ter Lie - be, ich hör' es, ich
joy - ous love - song. I hear it, I

hör' es so - gar im Traum, so - gar im
hear it once more in dreams, once more in

Traum.
dreams.

In Waldeseinsamkeit
Forest Solitude

Karl Lemcke
English version by Florence Easton

Johannes Brahms, Op. 85, No. 6
Composed 1878
Original key

cresc. sempre

breit. In stum-mem Rin-gen senkt' ich das Haupt
trees. In si-lent an-guish bowed I my head

cresc. sempre

in dei-nen Schoss, und mei-ne
up-on your knee, And with my

be-ben-den Hän-de um dei-ne Knie ich schloss, und mei-ne
trem-bling fin-gers, your hands I clasped in mine, and with my

be-ben-den Hän-de um dei-ne Knie ich schloss.
trem-bling fin-gers, your hands I clasped in mine.

pp

Die Son - ne ging hin - un - ter, der Tag ver-glüh - te
The sun then sank be - fore us with rays of love - ly

all,   fer - ne,   fer - ne,
gold.   Far   off,   far   off,

fer - ne   sang   ei - ne   Nach - ti-gall,
far   off,   sang   one   lone   night - in-gale,

sang   ei - ne   Nach   - ti - gall.
sang   one   lone   night   - in - gale.

42489

Wie Melodien zieht es mir
My thoughts like haunting music

Klaus Groth
English version by Florence Easton

Johannes Brahms, Op. 105, No. 1
Composed 1886

Zart
Teneramente

p sempre dolce

Wie Me - lo - di - en____ zieht es mir
My thoughts like haunt - ing____ mu - sic drift

lei - se durch den Sinn, wie Früh - lings-blu - men blüht es und
through my mind to - day; Like flow'rs of spring they blos - som, like

schwebt wie Duft da - hin, und schwebt wie Duft da -
fra - grance, fade a - way, like fra - grance, fade a -

hin.
way.

Doch kommt das Wort und ___
But when I try ___ to ___

fasst es und führt es vor das Aug', wie Ne - bel-grau er -
hold them . these thoughts so dear to me, In gray - ing mists . they

blasst es und schwin-det wie ein Hauch, und
van - ish, and like a breath they flee, and

schwin - det wie ein Hauch.
like a breath they flee.

Und den - noch ruht___ im___ Rei - me ver -
And yet with - in___ my___ rhym - ing, a

bor - gen wohl ein Duft, den mild aus stil - lem Kei - me ein
hid - den per - fume lies, And mem - 'ry of that mu - sic brings

dim.

feuch - tes Au - ge ruft, den
tear - drops to my eyes, And

mild aus stil - lem Kei - me ein feuch - tes, ein feuch - tes
mem - 'ry of that mu - sic brings tear - drops, brings tear - drops

Au - ge ruft.
to my eyes.

rit.

Meine Liebe ist grün
My Love is Green

Felix Schumann
English version by Florence Easton

Johannes Brahms, Op. 63, No. 5
Composed 1873
Original key

Lieb ist schön wie die Son - ne; die
love is fair as the sun - shine! Its

glänzt wohl her - ab auf den Flie - der-busch und
rays are so warm on the li - lac bush and

füllt ihn mit Duft und mit Won - ne, und
fill it with joy and with fra - grance, and

füllt   ihn mit   Duft_____ und mit
fill   it with   joy_____ and mit

Won - - - ne.
fra - - - grance.

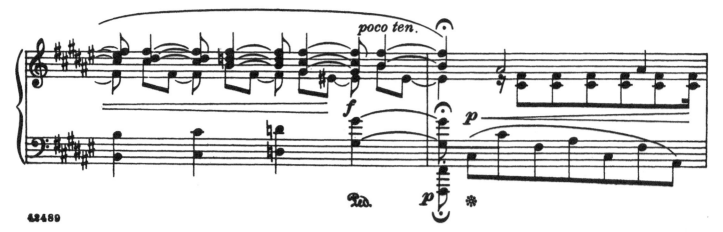

Mei - ne See - - le hat Schwin -
O my soul _____ has the wings _____

- gen der Nach - ti - gall und
_ of the night - in - gale, And

wiegt sich in blü - hen - dem Flie - der, und
cra - dled in blos - som - ing li - lac, and

wiegt sich in blü - hen - dem Flie - - der, und
cra - dled in blos - som - ing li - - lac, In

jauch - zet und sin - get vom Duft be - rauscht viel
wild ex - ul - ta - tion, it sings with joy an

lie - bes - trun - ke - ne Lie - der, viel
ir - re - sist - i - ble love - song, an

lie - bes - trun - ke - ne
ir - re - sist - i - ble

Lie - - - der.
love - - - song.

In der Frühe
At Daybreak

Eduard Mörike
English version by Florence Easton

Hugo Wolf
Mörike Lieder, No. 24
Composed 1888
Original key

Lebe wohl!
Farewell

Eduard Mörike
English version by Florence Easton

Hugo Wolf
Mörike Lieder, No. 36
Composed 1888
Original key

leich - tem Her - zen.   Le - be wohl!
heart   so care-free,   "Fare you well!"

immer gesteigerter
(gradually louder)

Ach tau - send - mal   hab ich mir es vor - ge - spro-chen,
A thou - sand times   I my - self these words have spo - ken

nachlassend
(slackening the time)

und in nim - mer - sat - ter Qual   mir das Herz da-mit ge -
in the hope that my sad heart   might at last by them be

bro - chen!
bro - ken!

Nun wandre, Maria
Go forth now, sweet Mary

Translated by Paul Heyse
from the Spanish of Ocaña
English version by Florence Easton

Hugo Wolf
Spanisches Liederbuch I, No. 8
Composed 1889
Original Key
Der heilige Josef singt
(St. Joseph sings)

Langsam and ruhig
Slowly and tranquilly

Nun
Go

wan - dre, Ma - ri - a, nun wan - dre nur fort. Schon
forth now, sweet Ma - ry, go forth with - out fear. We

krä - hen die Häh - ne und nah ist der Ort. Nun
hear the cocks crow - ing, the vil - lage is near. Go

wan - dre, Ge - lieb - te, du Klein - od mein, und
forth now, be - lov - ed, my trea - sure rare, Be -

bal - de wir wer - den in Beth - le - hem sein. Dann
fore us lies Beth - le - hem, soon we'll be there. You'll

ru - hest du fein und schlum - merst dort. Schon
find rest and peace, so have no fear. We

krä - hen die Häh - ne und nah ist der Ort.
hear the cocks crow - ing, the vil - lage is near.

Wohl seh ich, Her - rin, die Kraft dir schwin - den;
You're wea - ry, La - dy, your strength is wan - ing;

kann dei - ne Schmer - zen, ach, kaum ver - win - den.
But though you suf - fer, there's no com - plain - ing.

Ge - trost! wohl fin - den wir Her - berg dort;—
Take hope! We'll sure - ly find shel - ter here;—

schon kräh'n die Häh - ne und nah ist der Ort._____
We hear the cocks crow, the vil - lage is near._____

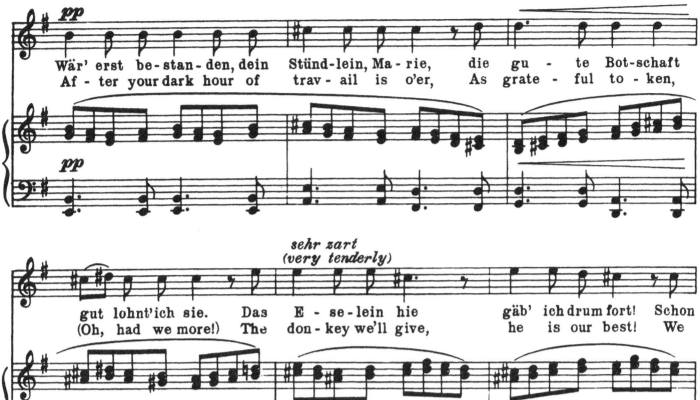

Wär' erst be-stan-den, dein Stünd-lein, Ma-rie, die gu - te Bot-schaft
Af - ter your dark hour of trav-ail is o'er, As grate - ful to-ken,

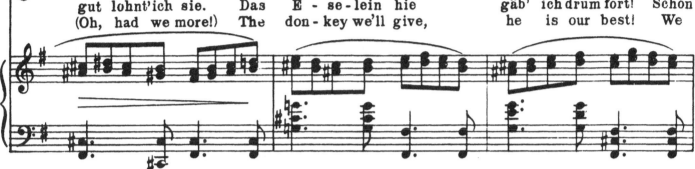

sehr zart
(very tenderly)

gut lohnt'ich sie. Das E - se-lein hie gäb' ich drum fort! Schon
(Oh, had we more!) The don - key we'll give, he is our best! We

wie aus weiter Ferne
(as from a distance)

krä - hen die Häh-ne, komm! nah ist der
hear the cocks crow - ing, Come! there you'll find

Ort. _____
rest. _____

Und willst du deinen Liebsten sterben sehen

If you desire to see a dying lover

Translated by Paul Heyse
from a popular song
in Tommaseo's Collection of Tuscan Songs
English version by Florence Easton

Hugo Wolf
Italienisches Liederbuch No. 17
Composed 1891
Original key

Langsam und getragen
Slow and sustained

Und willst du dei - nen Lieb-sten ster - ben se - hen, so tra - ge
If you de - sire to see a dy - ing lov - er, then do not

nicht dein Haar ge-lockt, du Hol - de. Lass von den Schul-tern frei sie
bind your love-ly hair, my fair - est, But from your shoul-ders let it

nie - der-we - hen; wie Fä - den sehn sie aus von pu - rem Gol - de.
fall a-bout you, re - sem - bling gold-en fil - a-ments, the rar - est.

Sehr ruhig (♩=44)
(Very calmly)

pp

Wie gold-ne Fä - den, die der Wind be - wegt,
Like gold-en sun - shine, floating through the air,—

più p *pp* sehr weich und zart (very softly and tenderly)

zart
(tenderly)

schön sind die Haa - re, schön ist, die sie trägt!
your hair is love - ly, and you just as fair!

pp

Gold - fä - den, Sei - den - fä - den un - ge - zählt,
Like gold, spun soft and silk - en, won - drous rare,

p *mf* *pp*

Ped.

pp

schön sind die Haa - re, schön ist, die sie strählt!
no - where such tress - es, no - where one so fair!

pp *p* *dim.* *pp*

Ped. ✻ ✻

Verborgenheit
Secrecy

Eduard Mörike
English version by Florence Easton

Hugo Wolf
Mörike Lieder, No. 12
Composed 1888
Original key

Mässig und sehr innig
Slowly and with great feeling

Lass, o Welt, o
Peace, O World, O

lass mich sein! lo - cket nicht mit Lie - bes - ga - ben,
grant me peace! Lure me not with love's sweet boun - ties.

lasst dies Herz al - lei - ne ha - ben sei - ne Won -
Let my heart, un - tram - meled, cher - ish all its rap -

und die hel - le Freu - de zü - cket durch die Schwe - re,
then a ray of hope— en-thralls me, through the dark-ness,

so mich drü - cket, won - nig-lich in mei - ner Brust.
close - ly holds me. Joy di - vine then fills my breast.

Tempo I

Lass, o Welt, o lass mich sein! lo - cket nicht mit Lie - bes - ga - ben,
Peace, O World, O grant me peace! Lure me not with love's sweet boun-ties.

lasst dies Herz al - lei - ne ha - ben sei - ne Won - ne, sei - ne Pein!
Let my heart, un - tram-meled, cher-ish all its rap - ture, all its pain!

Mignon

JohannWolfgang von Goethe
English version by Florence Easton

Hugo Wolf
Goethe Lieder, No. 9
Composed 1888-89
Original key

ein sanf-ter Wind vom blau-en Him-mel weht,
the balm-y air sweeps down from heav'ns so blue,

die Myr - te still und hoch___ der Lor - beer steht,
sweet myr - tle blooms, and lau - rels of ev - 'ry hue,___

ruhiger (more calmly)

Belebt (animated)

leidenschaftlich (with passion)

Kennst__ du__ es
Know__ you__ that

poco rit.

belebt (animated)

ruhiger (more calmly)

wohl?__
land?__

Kennst du__ es
Know__ you__ it

piu f

molto cresc.

poco rit.

wohl?
well?

Tempo Iº
leidenschaftlich hingebend (surrendering to passionate emotion)

Da - hin! da - hin!
'Tis there! 'tis there!

möcht'___ ich___ mit dir, o mein Ge - lieb - ter,
ah,___ there___ with you, my love, that I___ would

ziehn.
go.

Kennst du das Haus?__ auf Säu-len ruht sein Dach,____
Know you that house?__ its roofs by col-umns borne;____

__ es glänzt der Saal, es schim - mert das Ge-
__ the hall is gay, the rooms__ are bright and

mach, und Mar-mor-bil - der
warm, the stat-ues seem to

stehn und sehn mich an:_____ was__ hat man dir,
ask, as though they knew:_____ "O __ hap - less child,

Tempo I°

leidenschaftlich hingebend
(surrendering to passionate emotion)

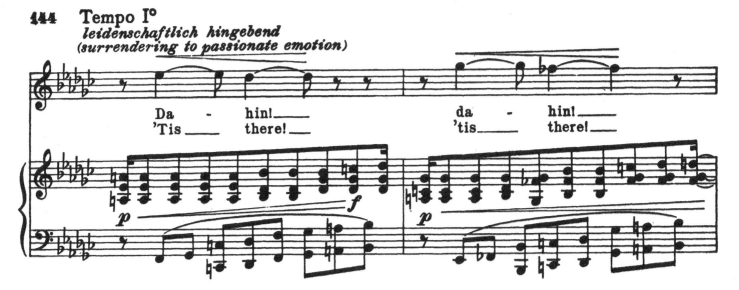

Da - hin!____ da - hin!____
'Tis ____ there!____ 'tis____ there!____

möcht'____ ich____ mit dir, o mein Be-schü - tzer,
ah,____ there____ would I with you, my guard - ian,

ziehn.
go.

Kennst du den Berg und sei - nen
Know you den moun - tains which dark

espr.

Wol - ken - steg?   Das Maul - tier sucht im Ne -
clouds con - ceal?   where mules through fog their drear -

- bel sei - nen Weg;   in Höh - len
- y way must feel;   in cav - erns

cresc.   *mf*   *pp*

wohnt der Dra - chen al - te Brut; es stürzt
deep the drag - on's brood will grow; the rocks

p   *molto cresc.*

der Fels und ü - ber ihn die Flut.
are cleft, and rag - ing tor - rents flow.

f   *più f*   *ff*

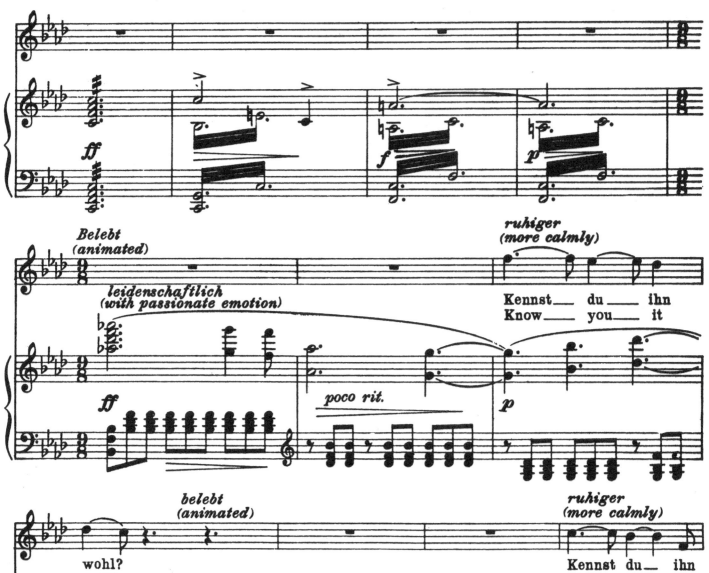

Belebt
(animated)

leidenschaftlich
(with passionate emotion)

ruhiger
(more calmly)

Kennst___ du___ ihn
Know___ you___ it

poco rit.

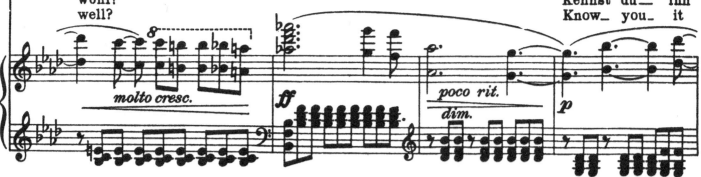

belebt
(animated)

ruhiger
(more calmly)

wohl?
well?

molto cresc.

poco rit.
dim.

Kennst du___ ihn
Know_ you_ it

wohl?
well?

pp dim. - - - - -

Tempo I°
leidenschaftlich hingebend
(surrendering to passionate emotion)

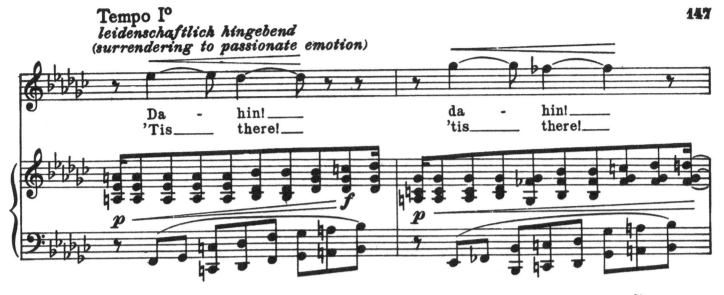

Da - hin! ____ da - hin! ____
'Tis ____ there! ____ 'tis ____ there!

geht ____ un - ser Weg! O Va - ter, lass uns
our ____ way ____ lies there! O fa - ther, let us

ziehn! ____ lass_ uns
go! ____ let_ us

ziehn! ____
go! ____

Auf dem grünen Balcon
From her balcony green

Translated by Paul Heyse
from an anonymous Spanish poem
English version by Florence Easton

Hugo Wolf
Spanisches Liederbuch II, No. 5
Composed 1889
Original key

Leicht bewegt, anmuthig
With swift and delicate motion; gracefully

Auf dem grü-nen Bal-con mein Mäd-chen schaut nach mir durch's
From her bal-co - ny green my maid-en peeps at me who

pp dolce

Git - ter-lein.
waits be-low.

Mit den Au-gen blin-zelt sie freund-lich,
With her eyes she coy - ly beck-ons,

cresc.

fresh pedal with each change of harmony

mit dem Fin - ger sagt sie mir: Nein!
but her fin - ger al - ways says: "No!"

f   *pp*

Glück, das nim - mer oh - ne
Luck so sel - dom aids young

Wan - ken jun - ger Lie - be folgt hie - nie - den, hat mir ei - ne Lust be -
lov - ers when they seek a new ad - ven - ture. I my - self, I dared to

schie - den, und auch da noch muss ich schwan - ken. Schmei - cheln hör' ich
ven - ture, but here al - so doubts as - sail me. First she flat - ters,

o-der Zan-ken, komm'ich an ihr Fen-ster-läd - - chen.
then she quar-rels, when I pass be - neath her win - - dow.

Im-mer nach dem Brauch der Mäd-chen träuft ins Glück ein
Al-ways, as one knows with maid-ens, they must mix their

bis-chen Pein: Mit den Au-gen blin-zelt sie freund-lich,
joy with woe. With her eyes she coy-ly beck-ons,

mit dem Fin - ger sagt__ sie mir: Nein!
but her fin - ger al - ways says: "No!"

Wie sich nur in ihr ver-tra - gen
How, a - las, can I en-dure it,

ih - re Käl - te, mei - ne Gluth? Weil in ihr mein Him-mel ruht,
all her cold-ness, all my fire, and her love my one de-sire!

seh' ich Trüb und Hell sich ja - gen. In den Wind gehn mei-ne Kla - gen,
But, I fear, we'll ne'er be mat - ed. As a lov - er,___ I seem fat - ed,

dass noch nie die sü - sse Klei - ne ih - re Ar - me schlang um mei - -
for this cold and charm-ing beau - ty, she has nev - er once em-braced___

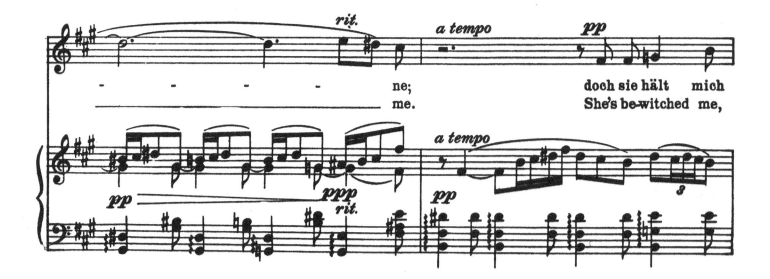

- - - - - - ne; doch sie hält mich
me. She's be-witched me,

hin so fein,＿＿＿＿＿＿＿＿ mit den Au - gen blin-zelt sie
this I know.＿＿＿＿＿＿＿＿ With her eyes she coy - ly

freund - lich, mit dem Fin - ger sagt＿＿＿＿＿ sie mir:
beck - ons, but her fin - ger al - - ways says:

Nein!＿＿＿
"No!"＿＿＿

poco rit.

Nimmersatte Liebe
Insatiable Love

Eduard Mörike
English version by Florence Easton

Hugo Wolf
Mörike Lieder, No. 9
Composed 1888
Original key

Sehr mässig
Moderato

So ist die Lieb'! So ist die Lieb'! Mit Küs-sen nicht zu stil-len: wer
'Tis true, a-las, that love is not with just a kiss a-bat-ed. Who'd

ist der Tor und will ein Sieb mit ei-tel Was-ser fül-len? und
try to fill a sieve with wa-ter must be shal-low-pat-ed! And

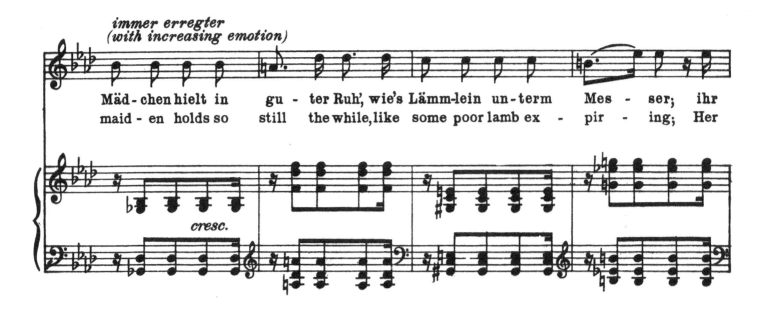

Mäd- chen hielt in gu - ter Ruh', wie's Lämm-lein un-term Mes - ser; ihr
maid - en holds so still the while, like some poor lamb ex - pir - ing; Her

Au - ge bat: nur im-mer zu, je we - her des-to bes - ser!
eyes im-plore for more and more, of kiss - es nev-er tir - ing.

So ist die Lieb', und war auch so, wie lang es__ Lie - be
And that is love on earth be-low, per - haps in__Heav'n a -

In dem Schatten meiner Locken

In the shadow of my tresses

Paul Heyse
English version by Florence Easton

Hugo Wolf
Spanisches Liederbuch II, No. 2
Composed 1889-90
Original key

strählt' ich mei - ne krau - sen Lo - cken täg - lich in der Frü - he,
care I comb my curl - ing tress - es ear - ly in the morn - ing,

doch um - sonst ist mei - ne Mü - he, weil die
but in vain is all my troub - le, by the

Win - de sie zer - sau - sen.
wind they're soon en - tan - gled!

Lo - cken-schat - ten, Win - des - sau - sen schlä - fer - ten den Lieb - sten ein.
Tan-gled tress - es, blown by soft winds, they have lulled my love to sleep.

Weck'ich ihn nun auf?___
Shall I wake my love?___

Ach
Ah,

nein!___
no!___

Hö - ren muss ich, wie ihn grä - me, dass er
I must lis - ten, as he chides me, that his

schmach - tet schon so lan - ge, dass ihr Le - ben geb' und
grief is past en - dur - ing, that he lives and dies each

neh - me die - se mei - ne brau - ne Wan - - - ge.
mo - ment, gaz - ing on my charms al - lur - - - ing.

Und er nennt mich sei - ne
"Vix - en", he has of - ten

Schlan - ge, und doch schlief er bei mir ein.
called me, yet he sleeps here at my side.

Weck' ich ihn nun auf? Ach nein!
Shall I wake my love? Ah, no!

Bescheidene Liebe
The Unpretentious Lover

Anonymous
English version by Florence Easton

Hugo Wolf
Lieder aus der Jugendzeit, No. 13
Composed 1877
Original key

nicht dar - um; ich lie - be doch ganz ei - gen, ich lie - be doch ganz
tur - tle-dove, But love in my own fash - ion, but love in my own

ei - gen.
fash - ion.

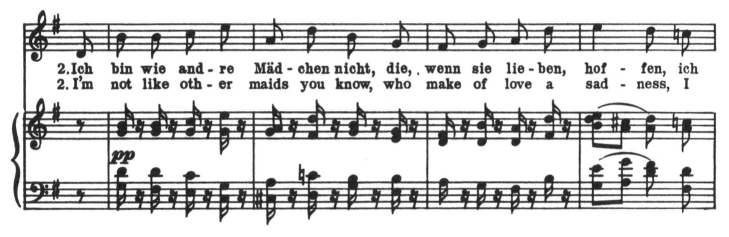

2.Ich bin wie and - re Mäd - chen nicht, die, wenn sie lie - ben, hof - fen, ich
2.I'm not like oth - er maids you know, who make of love a sad - ness, I

tra - ge mei - ne Lieb zur Schau vor al - ler Welt ganz of - fen. Oft
tell the whole world I'm in love, and let it share my glad - ness. Some-

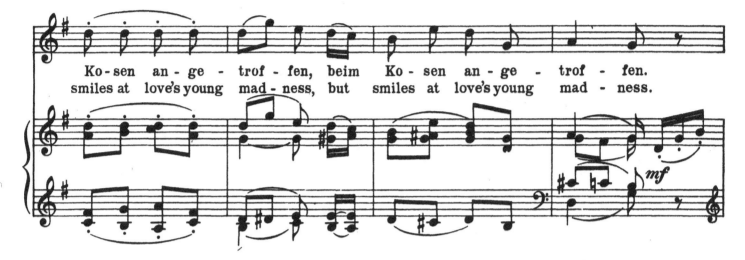

hat mich schon lieb Müt - ter - lein mit dem Herz - al - ler - lieb - sten mein heim
times my sweet-heart comes to call, and moth-er finds no fault at all, But

Ko - sen an - ge - trof - fen, beim Ko - sen an - ge - trof - fen.
smiles at love's young mad - ness, but smiles at love's young mad - ness.

3. Ich bin wie and - re Mäd - chen nicht, doch glück - lich, wie ich glau - be, denn
3. I'm not like oth - er maids you know, I'm hap - py, I'm con - tent - ed. My

mei - ne Lie - be rich - tet sich auf Trau-ring nicht und Hau - be. Er
days are full of love and joy, by doubt-ings not tor - ment - ed. My

bleibt mein trau - ter Bräu - ti - gam, er girrt so süss, er ist so zahm, mein
lov - er's kind, and thought-ful too, He's mine a - lone, his heart is true, My

Lieb ist mei - ne Tau - be, mein Lieb ist mei - ne Tau - be.
choice I've not re - pent - ed, my choice I've not re - pent - ed.

Morgen
Tomorrow

John Henry Mackay
English version by Florence Easton

Richard Strauss, Op. 27, No. 4
Composed 1893
Original key

Langsam
Lento
molto cantabile

blau - en, wer-den wir still und lang-sam nie-der-stei-gen,
haz - y, your hand in mine, con-tent, we'll slow-ly wan-der.

stumm___ wer-den wir uns in die Au - gen schau-en,
Mute,___ we'll gaze in each oth-er's eyes, en-rap-tured,

sempre più tranquillo

und auf uns sinkt des Glü - ckes stum-mes Schwei - gen.
while on us falls a bliss-ful, won-drous si - lence.

Cäcilie
Cecilia

Heinrich Hart
English version by Florence Easton

Richard Strauss, Op. 27, No. 2
Composed 1893
Original key

Sehr lebhaft und drängend
Vivo e con ardore

42489

Ru - hen mit der Ge - lieb - ten, Aug' in Au - ge,
peace with one's own be - lov - ed, gaz - ing fond - ly,

und ko - send und plau - dernd, wenn du es wüss-test,
and whis - per-ing love - thoughts, could you but know, love,

du neig - test dein Herz! Wenn du es wüss - test,
your heart would be mine! Could you but know, love,

wenn du es wüss - test,   du kä - - mest zu
could you but know,   love,   you'd hast - - en to

mir.
me.

Wenn du es wüss-test,   was le - - - ben heisst, um-
Could you but know, love,   the joy _____ of life,   the

haucht   von   der Gott -   heit
spir -   it   of   won -   drous,

welt - schaf - - fen-dem   A -   tem,
life - giv - - ing cre - a - - tion,

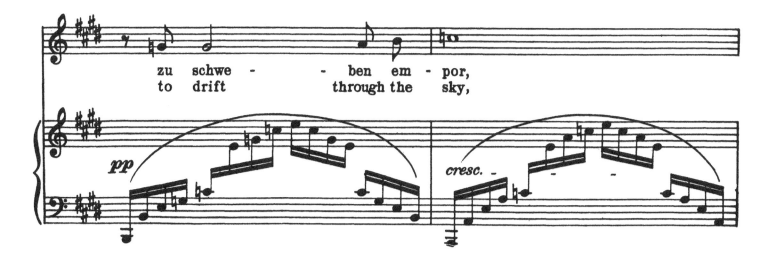

zu schwe - - ben em - por,
to drift   through the   sky,

licht - - - ge - tra - gen, zu se - li - gen
borne on light wings to ho - li - est

Höh'n, _____
heights, _____

wenn du es wüss - - test, wenn du es wüss-test,
could you but know, love, you'd live for - ev - er

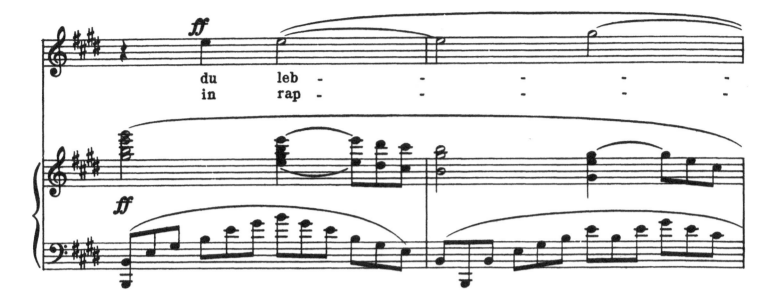

du leb - - - - - - test mit mir!
in rap - - - - - - ture with me!

Ständchen
Serenade

Adolf Friedrich von Schack
English version by Florence Easton

Richard Strauss, Op. 17, No. 2
Composed 1886
Original key

Mach' auf, ____ mach' auf, ____ doch lei - - se, mein Kind, ____ um
Come out! ____ come out! ____ but soft - - ly, my child, ____ that

Kein-en vom Schlum - mer zu weck - en,
no one from slum - ber a-wak - en!

nur lei - se die Hand_____ auf die Klin - ke ge - legt.
just lift up the latch_____ and then o - pen the gate!

*Ped.   *

Mit Trit - ten, wie
With foot - steps, with

Trit - te der El - - fen so sacht,
foot - steps like elves_____ on the grass,

um ü - ber die Blu - - men zu hüp - fen,
light-ly skip-ping o - - ver the flow-ers,

*   Ped.

un poco rit.

und duf - ten im Schlaf,_____ nur die Lie - be ist wach!
They all are a - sleep,_____ on - ly love is a - wake!

un poco rit.

✻ Ped. ✻

a tempo

Sitz'
Come

pp

ppp *segue*

Ped. ✻ Ped.

nie - - der, hier däm - mert's ge -
near me in twi - light mys -

heim - niss - voll_____ un - - ter den
te - ri - ous,_____ un - - der the

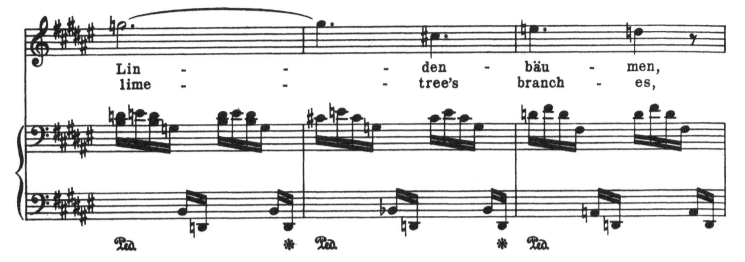

Lin - - - - den - bäu - men,
lime - - - tree's branch - es,

die Nach - - ti - gall
the night - - in - gale

uns zu Häup - ten soll
hov - 'ring o'er us sees

von un - s'ren Küs - - sen
with en - vy our sweet

träu - men,
kiss - es,

und ____ die Ro - - se,
And ____ the rose - - bud

wenn sie am Mor - - gen er -
wakes in the morn's ____ ear-ly

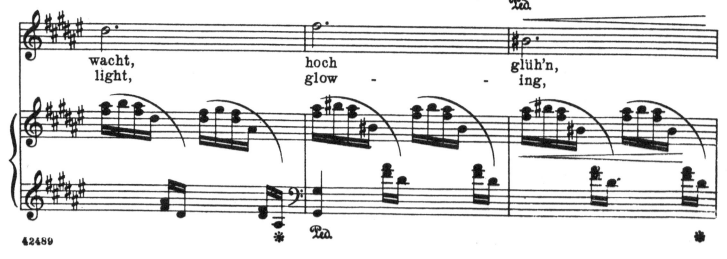

wacht, hoch glüh'n,
light, glow - - ing,

hoch _____ glüh'n _____ von den
glow - - ing _____ with the

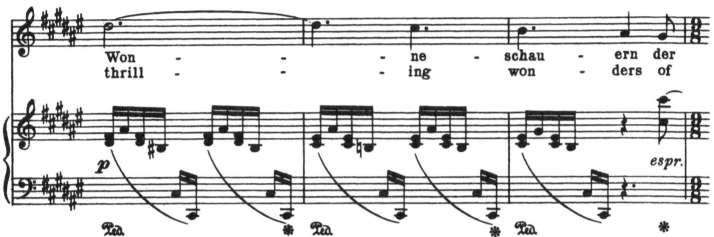

Won - - - ne - schau - ern der
thrill - - - ing won - ders of

Nacht!
night!

Heimkehr
Homecoming

Adolf Friedrich von Schack
English version by Florence Easton

Richard Strauss, Op. 15, No. 5
Composed 1885

Son - ne ge-schie - den und Stil - le sich senkt auf den
sun has de - part - ed and ev - 'ry-where si - lence does

Hain, fühlt___ es: bei dir ist der
reign. Now I know with you I'll find

Frie - - den, die Ruh'___ bei dir___ al -
peace,___ with you,___ with you___ a -

lein.
lone.

Traum durch die Dämmerung
Dream in the Twilight

Otto Julius Bierbaum
English version by Florence Easton

Richard Strauss, Op. 29, No. 1
Composed 1894

42489

geh ich hin zu der schön - - sten Frau,
now I go to my la - - dy___ fair.

weit ü-ber Wie - sen im Däm - mer-grau, tief_____ in den
O - ver the mead - ows in twi - light gray, deep_____ in our

Busch von Jas - min. Durch Däm - mer-grau in der
loved jas - mine bow'r. At close of day to the

Lie - be Land; ich ge - he nicht schnell, ich ei - le nicht; mich
land of love I wan - der at ease, I hast - en not, by

Allerseelen
All Souls' Day

Hermann von Gilm
English version by Florence Easton

Richard Strauss, Op. 10, No. 8
Composed 1882
Original key

letz - ten ro - then A - stern trag' her - bei, und lass uns
close be - side them as - ters bright and gay, And let us

wie - der von der Lie - be re - den, wie einst im
speak a - gain of love's sweet rap - ture, As once in

Mai._____
May._____

Gib mir die Hand, dass ich sie heim-lich drü - cke, und wenn man's sieht,
Give me your hand, in se-cret I'll ca-ress it. Should oth-ers see,

_ mir ist es ei - ner-lei, gib mir nur ei - nen dei - ner sü - ssen
_ I'll care not what they say. A-gain en-thrall me with your glance so

Bli - cke, wie einst im Mai.
ten - der, As once in May.

Es blüht und duf - tet heut auf je - dem
To - day on ev - 'ry grave the flow'rs _ are

Zueignung
Dedication

Hermann von Gilm
English version by Florence Easton

Richard Strauss, Op. 10, No. 1
Composed 1882
Original key

Moderato

Ja, du weisst es, theu - re See - le, dass ich, fern von
Ah, thou know - est all my an - guish, That a - part from

dir, mich quä - le, Lie - be macht die Her - zen krank,
thee I lan - guish; Hearts that love to woe re - sign,

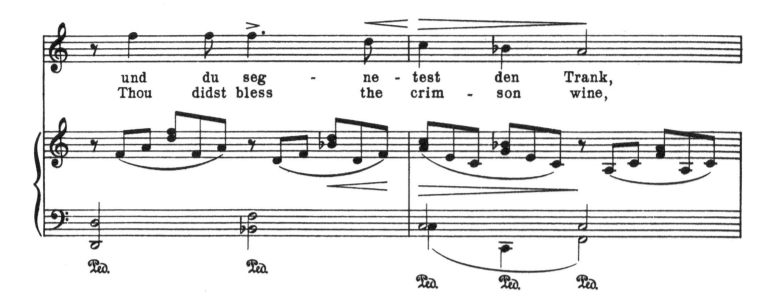

und   du seg -   ne - test   den   Trank,
Thou   didst bless   the   crim - son   wine,

con espr.

ha - be Dank.
Thanks be thine!

religioso

Und   be-schworst dar -   in   die   Bö - sen,
And   thy love   brought   me   sal - va - tion,

bis ich, was ich nie___ ge - we - sen,
While I, filled with a - dor - a - tion,

hei - lig, hei - lig an's Herz dir sank,
Hal - lowed, hal - lowed, found love di - vine,

ha - be Dank.
Thanks be thine!

Ich trage meine Minne

I wear my love

Karl Henckell
English version by Florence Easton

Richard Strauss, Op. 32, No. 1
Composed 1896

Andante con moto

Ich tra - ge mei - ne Min - ne vor Won - ne stumm im
I wear my love in si - lence, that none may know. With -

Her-zen und im Sin - ne mit mir her - um. Ja,___ dass ich
in my heart it dwells with me wher - e'er I go. Yes,___ since on

dich___ ge - fun - den, du lie - bes Kind, das freut mich al - le
earth___ I found you, my pre - cious child, My days are filled with

espressivo

espr.

Ta - ge, die mir be - schie - den sind. Und
glad-ness, you have my life be - guiled. And

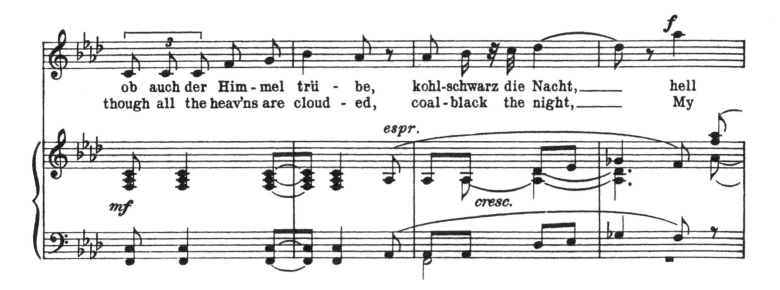

ob auch der Him - mel trü - be, kohl-schwarz die Nacht, _____ hell
though all the heav'ns are cloud - ed, coal-black the night, _____ My

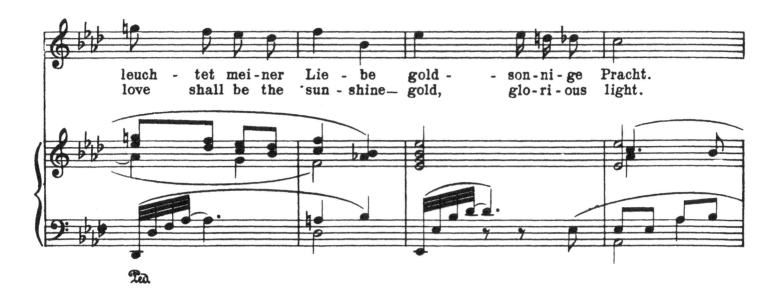

leuch - tet mei-ner Lie - be gold- - son-ni-ge Pracht.
love shall be the 'sun-shine— gold, glo-ri - ous light.

Und lügt auch die Welt in Sün - den, so tut mir's weh,____ die
And though all the world is sin - ful and full of woe,____ All

ar - ge muss er - blin - den vor dei - ner Un - schuld, dei - ner Un -
e - vil must be blind - ed by one so ra - diant, one as pure____

più tranquillo
wieder ruhiger

- schuld Schnee.
—— as snow.

Ich tra - ge mei - ne
I wear my love in

Min - ne vor Won - ne stumm im Her-zen und im Sin - ne mit
si - lence, that none may know, With - in my heart it dwells with me, wher-

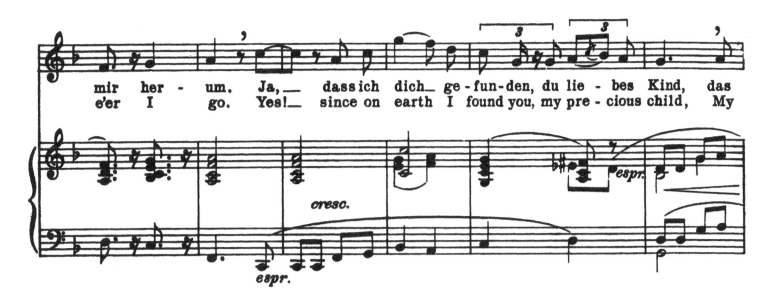

mir her - um. Ja,__ dass ich dich__ ge - fun - den, du lie - bes Kind, das
e'er I go. Yes!__ since on earth I found you, my pre - cious child, My

cresc.

espr.

espr.

freut mich al - le Ta - ge, die mir be - schie - den sind.
days are filled with glad-ness, you have my life be - guiled!

dim.

pp

Heimliche Aufforderung
Secret Invitation

John Henry Mackay
English version by Florence Easton

Richard Strauss, Op. 27, No. 8
Composed 1893
Original key

so win - ke mir heim - lich zu, dann
you give me a se - cret glance. I

läch - - le ich und dann
sly - - ly smile, and then

trin - ke ich still wie du.
si - lent - ly drink with you.

Und still gleich mir be -
And there we see, while

42489

trach - te um uns_____ das Heer der trunk-nen Schwät-zer—
gaz - ing a - round,_____ a crowd of nois - y drink-ers,

ver - ach-te sie nicht zu sehr. Nein,_____ he - be die
but do not be too se-vere. No,_____ lift up your

blin - ken-de Scha - - le, ge-füllt mit Wein,
shim - mer-ing glass,_____ filled with spark - ling wine,

und lass beim lär - men-den Mah - le sie glück-lich sein.
and leave the clam - or-ous feast - ers in joy sub-lime.

Doch hast du das Mahl_____ ge - nos - sen,
But when you have done_____ with feast - ing

poco a poco tranquillo

den Durst ge - stillt, dann ver - las - se der lau-ten Ge-nos - sen
and stilled your thirst, steal a - way from these ri-ot-ous com-rades,

poco a poco tranquillo

fest-freu-di-ges Bild,_____ und_____
this pic-ture of joy;_____ and_____

espr. *dim.* *pp*

a tempo

wand - le hin - aus in den Gar - - -
wan - der a - lone to the ar - - -

pp a tempo

42489

ten   zum Ro - sen-strauch,   dort
bor,   our tryst - ing place.   There

ppp

will   ich   dich   dann   er - war - -
ea - ger - ly   I   a - wait

pp

tranquillo

ten   nach al - tem Brauch,   und
you   as oft be - fore,   and

will   an   die Brust   dir   sin - - ken,
fond - ly   my   arms   will   hold   you

p

eh' du's ge-hofft,
close to my heart,

und dei - ne Küs - se trin - ken,
drink-ing a - gain the kiss - es

wie eh - mals oft,
from your sweet mouth.

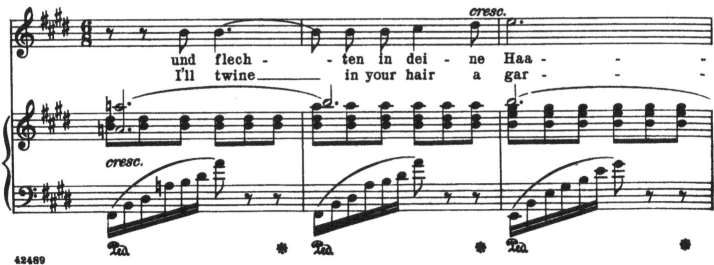

und flech - ten in dei - ne Haa - - -
I'll twine in your hair a gar - - -

re der Ro - se Pracht— o
land of ros - es bright.— O

komm,_____ du wun - der -
come,_____ you long - a

ba - re er - sehn - - - te
wait - ed, re - splen - - - dent

Nacht,_____ o komm,____ du wun - der -
night,_____ O come,____ you long - a

ba - re   er - sehn - - - -
wait - ed,   re - splen - - - - -

- - - te   Nacht! _____
- - - dent night! _____

pp

espr.
p

p   *dim.*   *pp*

Ruhe, meine Seele!

Rest Now, Weary Spirit

Karl Henckell
English version by Florence Easton

Richard Strauss, Op. 27, No. 1
Composed 1893

Son - nen - schein.
gold - en sun.

Ru - he, ru - he, mei - ne
Rest now, rest now, wea - ry

See - le,
spir - it.

dei - ne Stür - me gin - gen
Your dis - tressed and an - guished

wild,_____ hast ge - tobt__ und hast ge - zit - tert, wie die
soul_____ was op - pressed un-til it trem-bled, like the

Bran - dung, wenn sie schwillt!
break - ers on the strand.

Die - se
This e -

Zei - ten sind ge - wal - tig, brin - gen Herz und Hirn in
mo - tion, all - con - sum - ing, filled your mind and heart with

Not—
dread.

Ru - he, ru - he, mei - ne See - le,
Rest now, rest now, wea - ry spir - it,

und ver - giss, und ver - giss, was dich be -
and for - get, yes, for - get what's past and

droht!
gone!